藍學堂

學習・奇趣・輕鬆讀

# 贏家才知道的心想事成祕密

## 成功者的吸引力法則，讓全宇宙都來幫你

# Create Your Own Future

## How to Master the 12 Critical Factors of Unlimited Success

布萊恩・崔西 Brian Tracy　著
黃孝如　譯

這本書是獻給我生命中最重要的人的：

我美好的妻子 Barbara

以及我們四個不可思議的孩子——

Christina, Michael, David, 和 Catherine (the Great)

你們讓我有可能創造自己的未來

# 目錄

作者序

# ▼人生沒有極限

把自己的能力發揮到極限，真的會讓自己大吃一驚。

——愛迪生

很久很久以前，一間遙遠的山頂小屋裡住著一個老人，老人一生都在研究和沉思，使得他的聰明、敏銳和智慧遠近馳名。無論政府官員、生意人和社會顯要，都紛紛前來拜訪，請他指點迷津。老人似乎擁有一種很特殊的能力，總能切中問題核心。只要按照他的答案和解決方法去做，結果都非常圓滿，於是很快就聲名遠播。

在山腳的村落裡，有一群常混在一起的男孩，有時候會上山問老人一些問題，老人也似乎永遠知道正確答案。一段時間後，就變成了男孩們的一個小遊戲，他們不斷地想找出考倒老人的問題，可是卻從沒成功過。

有一天，帶頭的男孩阿朗姆把其他人叫過來說道：「我終於找到一個難倒老頭的辦法了。你們看，我手裡有隻鳥。我們可以問他這隻鳥是活的還是死的。如果他說是死的，我就張開手讓鳥飛走；如果他說是活的，我就用力把鳥捏死。所以不管他怎麼說，都是錯的。」

男孩們想到終於能讓老人答錯，都興奮不已，便迫不及待上山去了。老人注意到他們急切的表情。阿朗姆走上前問道：「長者，我手裡有隻鳥，牠是活的還是死的？」

老人凝視著男孩頑皮渴望的眼神，安詳地說：「阿朗姆，答案掌握在你手中。」

## 預測前途最好的方法，就是去創造它

這個故事告訴我們：每個人遭遇的每件事，幾乎都掌握在自己手中。也因此前途大部分要看自己怎麼抉擇或決定，成就則是日復一日、年復一年努力做某些事，或沒有努力做某些事的結果。

我二十一歲那年寒冬的某一天，坐在只有一個房間的小公寓裡，思索著自己不太樂觀的未來。高中時被踢出校門的我當時正在工地做工，窮到發薪前一週簡直出不了門。

忽然間，我想通了，就像前述那個老人的故事一樣，我知道從那一刻起所遭遇的事都掌握在自己手中，沒有任何人會為我做什麼，我必須對自己負責。

管理大師彼得‧杜拉克（Peter F. Drucker）曾寫道：「預測前途最好的方法，就是去創造它。」每個人都想要健康、快樂、受歡迎、功成名就，可是享有這一切，只有一個方法——創造自己的未來。所幸今日已較以往有更多機會及不同的領域，讓人們達成目標、實現夢想。而人生最重要的，應該是充分利用這個世界提供的每樣資源。

這個世界基本上分成兩種人：主動和被動的人。積極主動的人大約只占一〇%，卻在各領域裡衝鋒陷陣、驚豔群倫。這些人的特徵是把人生掌握在自己手中，主動開創新局，對自己完全負責，面對有風險和不確定的情況時，仍勇往直前。因此，當你決定創造自己的未來時，就等於加入了這關鍵性的少數族群，開始衝向人生前線。

但大多數人多半傾向於被動地回應人生，總希望會有好事降臨，於是一窩蜂買樂透彩，又不斷地怨天尤人。他們怨恨成功的人，卻不肯付出成功者付出的努力，這種生活態度就像在根本沒有公車駛過的街上等公車一樣。

## 踩下自己的人生加速器

只是在心裡希望，不能算是一種追求成功的策略。人生太珍貴也太重要了，不能只靠運氣。**每個人最大的責任就是掌控自己的未來，用自己喜歡的方式塑造命運，為人生做些美好的事。**

自從我在小公寓裡覺醒的那一刻起，這些年來，我旅行和工作已超過一百個國家；也開創、建立、管理或整頓過二十八種不同行業；並在五百家以上的公司擔任過顧問和講師；教過兩百萬名以上的學生和講師，傳授他們成功經營事業和個人生活的策略，幫助人們打造理想未來。

我有時候會在講座中問在座的人：「有沒有人想要讓收入增加一倍？」全場幾乎每個人都本能的舉起手。

「很好，」我說：「我可以保證你們每個人的收入都能增加一倍，只要你們活得夠久。如果你的收入是照通貨膨脹的比率增加，每年大概可以增加三%，如果再工作個二十到二十五年，薪水絕對會增加一倍。所以，薪水加倍不是真正的問題所在，真正的問題是，可以多快達成目的？」

如果你像我一樣積極，一定會等不及想驗收成果，**一旦決定做點新鮮事，尤其是創造自己的未來，就會想越快開始越好。這是好事，人生本來就該這樣。**

本書將告訴你如何踩自己的人生加速器，並用你夢想不到的速度達到目標。我將與你分享一系列很實際、已經驗證的有效方法，同時也要傳授一些最有用、最受歡迎的工具和技巧。歡迎與我一起發掘自己廣大而未開發的潛能，並且立刻下定決心，創造自己的未來。

導論

# 成功可以預期

每個人的責任就是勇往直前，就像根本沒有任何能力限制似的。

——法國人類學家 德日進（Pierre Teilhard de Chardin）

哲學最終的問題始終是：「怎樣活才會快樂？」每個時代最偉大的思想家，都窮盡畢生心力尋求答案，而答案正是人生際遇和成就的關鍵。最慘的是，辛苦打拚了一輩子，想攀上成功的梯子，最後卻發現通往的地方並不是自己想去的。

我高中時貪玩混日子，書念一半就輟學了。因為學歷不足，唯一能找到的工作都是靠勞力賺錢。之後我找了個直銷工作，必須挨家挨戶、一間間公司行號登門推銷。我並不怕工作，但只靠努力打拚是不夠的。一下推銷這個、一下又推銷那個的微薄收入根本不夠餬口。終於有一天，我做了件改變一生的事。

## 做成功人士做到的事

我去找公司的超級推銷員，他無論業績或收入都至少是我的五倍。我很挫折地問他：「你的作法到底跟我有何不同？」

我們在同樣的競爭條件下，用同一間辦公室，以同樣的價格，把同樣的產品，推銷給同一群客戶，可是他的業績卻遠超過我，花的時間甚至比我還少。

他先問我是怎麼銷售的、成果如何。然後告訴我，在銷售任何東西前，最重要的是先了解顧客的期望，以及真正的需求和問題。他告訴我如何針對個別顧客，介紹最適合對方的產品、回應顧客最關心的問題，以及探詢對方是否決定購買產品。

這些都是他早期在一家大公司接受的完整專業銷售訓練。他精通了基本的銷售程序技巧後，再運用到目前銷售的產品上。一旦學會整套銷售系統，就能活用於其他產品、服務或產業上，而且無往不利。

這個原則就像閃電般擊中我，改變我的一生。原來每件事的發生、成敗都其來有自，原來我必須找出別人成功的道理，只要做到了他們所做的事，最後自然也會得到跟他們一樣的成果。這就是第一條成功法則：**如果能做到成功者做的事，最後一定能跟他們一樣成功，沒有任何事能阻擋你**；如果不能做到他們所做的事，也沒有任何事幫得了你。

我終於找到自己的路了！接下來許多年，我在各行各業做了許多不同的工作，每次接觸一個新行業時，便會馬上一頭鑽進去，盡可能努力學習這行業裡的成功法則，然後將所學靈活運用在工作上，直到能達到跟別人一樣，甚至更好的成果為止。

## 成功不是碰運氣

當我開始向上爬時，便開始問自己：「為什麼有些人會比別人成功？」為什麼有些人比較有錢、工作比較好、家庭比較幸福、比較健康、比較快樂，而有些人卻不能？為什麼有些人可以開新車、穿好衣服、住在好房子裡？這些人似乎口袋裡和銀行帳戶裡永遠都有錢，他們上高檔餐廳用餐、度過美好的假期、過著享樂生活，這是為什麼？

一般人的答案不外是，這些人比別人幸運，或是天生基因好。甚至有些非常成功的人也把自己的成功歸功於運氣。可是，難道那些起步時條件比較差，最後卻成功的人，只因為比別人幸運？難道人們辛苦工作、靠自己的資歷和努力爬上高位，這也叫運氣？許多人白手起家，奮鬥一生，最後終於自給自足，成為有錢人，難道也只因為運氣好？我覺得這種說法不太合理。

根據統計，美國有超過五百萬個百萬富翁，其中大部分是白手起家。還有三百個十億以上財產的億萬富翁，大多數也是從積少成多甚至一無所有開始。美國每年都有超過十萬個人躋身百萬富翁之列，粗略統計大約每五分鐘就產生一個，難道這些人全靠運氣？

## 任何事都不是偶然

大約西元前三五〇年左右，希臘哲學家亞里斯多德為西方哲學思想奠定廣泛的基礎。在那個年代，大多數人都是泛神論者，相信諸神住在奧林帕斯山上，用不明就裡、亂無章法的方式掌管花草樹木、山河大地和人類的生活。亞里斯多德在這樣的時代背景下提出了「因果法則」（Principle of Causality），他認為，我們生活在一個井然有序的宇宙，受偉大、規律、亙古不變的大自然主宰。不論人們是否了解萬事萬物背後的原理原則，其實每件事情的發生必定都有其原因。

現在，我們稱此法則為「因果定律」（Law of Cause and Effect），並將它視為世界運行的基本法則。可是在亞里斯多德那個時代，這卻是一種思想上的突破，也是哲學研究上的革命，引導無數大思想家歷經多少世紀才邁向今天這個年代。

因果定律簡單來說就是事出必有因。**人生中的每個結果，都是一個或一連串的原因所致，任何事情都不是偶然的**。如果希望人生有什麼東西，或期待發生什麼結果，只要先找到同樣擁有這些東西的人，然後訓練自己做跟他一樣的事情，鍥而不捨、百折不撓，直到獲得跟他一樣的成果為止。這完全是可預知，而且大部分是自己可以掌控的。

## 任何事都有可能發生

我三十幾歲時，申請到一間很好的大學去念MBA在職進修課程。前後四年的每天晚上和週末，共投資了四千多個小時研究事業成敗的因果關係。那是我第一次了解一門神祕的學科「機率理論」（probability theory）。在這門課裡學到的東西深深影響了我的思考，也解答了我對人生機運的許多疑問。

機率理論意即任何事都有可能發生，這種可能性有時可以精確地計算出來，有時卻不能。例如，保險業的保險費和賠償準備金，都是按照保險統計表精算出來的，這就是機率理論的應用。保險統計顯示，某種年齡且有某種病史的人，有可能在某段生命期死亡。然而因為無法確定誰會死亡，所以這個範圍的人都可以用某種價格買保險，使得少數真正在這個時期死亡的人得到理賠，這就是共同分攤風險。

「機率定律」（Law of Probabilities）的原理是：**任何事只要在某些情況下，就有可能發生。只要可能性達到某種準確度，就能大幅提高可預測性**。譬如，丟一枚銅板，每次出現正面或反面的機率各為五〇％，無論丟多少次，正面和反面的可能性都是五〇％，因此你可以準確地預測結果。

## 排除不確定，提高成功機率

無論想獲得什麼成就，只要清楚寫下計畫，每天照著做，就很可能達到。如果接下來能徹底學習，使自己具備在這個領域發展必要的知識和技能，就能增進成功機率。如果找對人合作、妥善管理時間、即時掌握機會、遇到困難時堅持不懈，成功就指日可待了。

願意承擔明智的風險，追尋定義明確、強烈渴望的目標，就會站在對的那一邊，增進有助於成功的機率，你就能在一兩年內達到別人可能十年或二十年都達不到的成就，因為他們不如你專心、有目標。你會創造你自己的未來，而這絕非幸運！

德國物理學家海森堡（W. Heisenburg）的「不確定性原理」（Uncertainty Principle）對科學產生了深遠的影響，並因此獲諾貝爾獎。這個原理就是說，雖然科學上可以準確地確定，一組質點在正常情況下會如何運動，卻不能準確地預測這些質點中，哪些可能有異常表現，因此**無論基本理論多麼準確，仍存在著某種程度的不確定性**。

我們可以預測，大約有五%的美國人，一生工作所得大概能達到淨值一百萬美元左右，可是卻不能事先預測會是哪些人。在健康、幸福和長壽方面，我們知道會有某個比例的人能擁有幸福美滿的人生，可是也不確定這些人究竟會是誰。所以必須盡可能增進成功機率。

即使很小的因素，也可能造成成敗分野。你必須充分了解自己的潛力，**盡可能排除偶然和不確定性，提高成功機率**，並且了解自己的目標和達成目標的方法之間，究竟有何因果關係，充分掌控人生每個部分，創造自己的未來，必須擺脫碰運氣的想法。

## 碰運氣VS.好運氣

一般人見到有人快速達到別人達不到的成就時，就會立刻將他的成功歸功於運氣好；如果有人把人生弄得一團糟，其實大部分是由於自己的缺點所致，可是他們卻也藉口是因為運氣差的緣故。美國有位名政要曾對成敗產生誤解：「每個人的人生都像一場賭博，有些人在人生賭桌上意氣風發、紀錄輝煌，有些人卻不然。所以應該強制那些成功的人拿出贏得的賭金，與沒有成功的人一起分享。」

造成這種誤解，是因為多數人不了解碰運氣與好運氣的差異。碰運氣是賭博，結果完全超出自己的掌控，對最後的輸贏也無法發揮影響力。賭博的風險之高，長期來看，贏錢的機率幾乎等於零。

然而，所謂的好運氣與碰運氣完全不同，其實就是機率定律的具體實現，看到人們接受掌聲的同時，等於是看到他過去的種種，導致現在的特定成果。**成功者其實是在成功之前做了很多事情，最後總結起來，大幅增加了達成目標的機率**。研究偉大成就的歷史，觀其來龍去脈，就會看出這個顯而易見的模式了。為目標付出許多的小努力，與最後成功的可能性有直接關係。

如果有個銷售新手，每天很早就起床計畫一天的行程，終日專心工作，盡可能和許多潛在客戶談話，鍥而不捨地追蹤客戶，靠閱讀、影音學習、定期參加銷售課程和講習，不斷增進銷售技巧，成功的可能性將大大超過其他沒有這麼做的銷售員。他的高薪就不會是運氣好壞的問題，而是有心計畫的結果。

## 持續去做就會成功

「平均數定律」（Law of Average）是機率的延伸。意思是：雖然不能預測一系列事件中的哪一件會成功，但根據平均數定律，**只要藉著持續做某件事達到某次數之後，就能達到目標**。例如，多讀一些書，就很可能讀到對工作和個人生活有幫助的知識；多打一些推銷電話，就很可能遇到馬上需要此產品的客戶；不斷創新嘗試新方法達成目標，或解決重要問題，就會比那些總是用安全而無新意方法做事的人容易成功。

每個人都想更快樂、更健康、更發達、明天比今天更好，無論有多少成就，總是想要更多，這其實是好事，表示你想繼續自我改進、成功發展，充分發揮潛能。

然而在今天這個機會無限的世界裡，只有少數人承諾自己要充分發揮潛力、活出自我，大多數人都認為自己真正的潛力，其實可以比現在表現得更好，只要知道該怎麼做就好了。

無論怎麼定義成功，成功都不是意外，也不是好運或壞運的結果。即使你從未清楚想過從過去到現在，自己走過哪些路或沒走哪些路，然而的確有一個明確的過程帶領你到此刻的境遇。你是怎樣的人、有什麼成就，都是自己造成的。經年累月的選擇和決定，注定你會擁有此刻的人生條件。因此，**無論任何時候都可以重新開始，為未來做不同的選擇和決定**。你可以採取截然不同的作法，最後一定會抵達和今天不一樣的境界。

## 帶來幸運的要素

機率定律使人們在可精確預測的程度內創造成功的未來。只要學習和練習增加成功可能性的行為，就可以完全掌握自己的命運。而你所採取的各種作法、行為、策略，這些能增進成功機率的事情，就是「帶來幸運的要素」。

我多年來研究數千位成功人士，找出幾十個這種幸運要素，其中任何一種都可能改變人生，有時甚至一夕之間就能實現。將這些帶來幸運的要素運用在生活，成功就會變成可預期的事。只要不斷去做「幸運」的人所做的事，人生就會大大增加別人所謂的「好運氣」。

我的講習課程有個俄羅斯移民伊凡・史崔戈斯基（Ivan Strigorsky），不久前告訴我他的故事。蘇聯瓦解後，他一直夢想來到美國，經過幾年的嘗試和失敗仍鍥而不捨，終於弄到了護照和一張機票。他抵達紐約時，全部的家當只有一個用繩子綁起來的硬紙箱，而且他一句英文都不會說。

史崔戈斯基找到了通往紐約附近號稱「小俄羅斯」的路，那裡住了很多俄羅斯移民。他在美國的第一年，唯一能找到的工作，就是在幾條巷子的距離裡，把俄羅斯餐館的披薩送到俄羅斯人家裡。史崔戈斯基擁有一個很多人沒有的優點：他完全相信美國是機會天堂，並且深知要不要掌握這些機會完全看他自己，沒有人會為他做這件事，他必須為自己創造好運。

他也知道在美國成功的關鍵，在於說一口流利的英語。為了精通這個新語言，他開始收聽我有關成功與成就、銷售與個人管理的影音課程，也聽其他人談論成功的節目。另外，還看一些提高個人和企業效率的書和文章，一邊學習英語，一邊學習成功的基本法則。這些觀念對他這個從小在蘇聯長大的孩子來說新奇無比，他就像海綿似的全盤吸收新知。

史崔戈斯基在美國待了一年後，英語已經流利到足以讓他在一家印刷公司找到一份銷售工作。第二年年底，由於他推銷印刷服務的表現優異，所以決定自己開一家印刷服務仲介公司。第三年，他銷售了相當於兩百萬美元的印刷業務，創造了四十萬美元的個人收入。史崔戈斯基的成功壓根與幸運扯不上關係。

美國有千百萬人出身於逆境，仍繼續在逆境中奮鬥，創造美好生活。如果你曾聽過他們的心路歷程，了解他們一路走來的甘苦，就會發現他們的成功與運氣毫不相干。

因果定律可以從因果兩方面談起。如果你的人生得到某種結果，譬如貧窮、肥胖、夫妻失和、事業不順等任何困難，都可以從結果追溯回去，找出過去究竟做了什麼事導致這個結果。找到原因後，**藉著改變原因，就可以改變結果**，有時效果幾乎立竿見影。

簡單來說，成功、幸福、健康、發達的人，就是發現了主宰生活的原則，並且依此設計生活，和這些原則譜出協奏曲。他們在幾年內達到的成就，有時遠超過一般人一生的作為。

玩撲克牌時，贏家通常談笑風生，而輸家只會說：「閉上嘴快發牌！」真實世界裡，贏家通常忙碌而活躍地工作以達成目標；一般人卻只會守著微薄的工作和貢獻，期待好運降臨。

**贏家通常把成功歸功於努力工作和靈活運用，平凡人卻總是把失敗歸咎於運氣不好。**

## 有行動就會有結果

因果定律的另一個版本，就是英國科學家牛頓首次提出的「作用與反作用定律」（Law of Action and Reaction）。意思是：每個動作都會有一個相等的反作用力。換句話說，有行動就會有後果。

每個計畫開始時，都可以決定自己的行動、控制自己要做什麼，可是一旦發動某個行動，後果就常常不是自己所能控制的了。這就是成功人士對行動可能產生的後果，通常比一般人更深思熟慮的原因。平凡人對自己的言行比較不假思索，甚至輕忽了這些言行舉止可能造成的後果及反作用力。想擁有一般人所說的幸運，關鍵在於多採取行動，進而引發希望的結果。同時，避免做效果不良甚至反效果的行為。

負責銷售工作的人，每天不斷開發客戶、展示產品、追蹤客戶，並且持續釐定工作目標和整理業務資料，最後一定會帶來成功的銷售業績、更高的收入、個人尊嚴和更高的工作滿意度。對這些行動投入越多，越能享受愉快的工作成果，也越能掌握成就，這與運氣好壞完全沒有關係。

負責管理工作的人，每天小心計畫，在工作前先組織整理工作內容、選擇正確的人做某件事、適度參與、聰明監督，並充滿活力地完成分內工作，就會帶來成功的工作表現。這也和幸運與否完全沒有關係。

因果定律還有一個版本是出自舊約聖經：「一個人種下什麼，也會收穫什麼。」（Whatsoever a man soweth, that also shall he reap.）要怎麼收穫先那麼栽，**每個人現下的生活，從各方面來說，都是各自過去的決定和行為造成的結果**。

因果定律、作用與反作用定律、要怎麼收穫先那麼栽，都是永恆的真理，是人類有史以來的普遍原則，所有的成功、幸福、高成就都來自這裡。當你這樣做的時候，你就會體驗到一般人感受不到的滿足感和樂趣，你可以創造自己的未來，而人們也開始視你為幸運的人。

## 行動練習

1. 發展出自己對幸福的定義。你喜歡什麼活動或情況勝過一切？
2. 拜訪同領域最傑出的人，請教他怎麼做才能更成功。
3. 找出自己遇過最幸運的事情，然後回溯過去究竟做了哪些事，使得這些好運會發生在自己身上。
4. 根據因果定律的因果關係，想像自己想要什麼？以及得到它的最好方法？
5. 採取一個具體行動，增加自己想達到某個目標的可能性，並且立刻行動。

原則 1

# ▼你的潛力無窮

如果能充滿信心地朝夢想前進，努力實現夢寐以求的生活，終有一天，會出乎意料地與成功不期而遇。

——亨利．梭羅（Henry David Thoreau）

心智擁有足夠的力量，能得到你真正想要的東西。能否努力磨練這種不可思議、具創造性、建設性的思考能力，決定了每個人的人生際遇。一旦釋放心智力量，就能在幾個月之內完成許多人要花好幾年才能做到的事情。

心智是宇宙最偉大的力量。你是怎樣的人、處於怎樣的境遇，都是自己習慣性思想的結果。正如美國詩人愛默生（Ralph Waldo Emerson）所說：「一個人大部分時間在想什麼，最後就會變成那樣的人。」改變思想就能改變人生，你變成了不一樣的人，得到不同的結果。有史以來偉大的思想家、哲學及宗教形上學，也都一致強調心智的力量能塑造個人的命運。

## 將你想要的吸引過來

「**吸引力法則**」（Law of Attraction）最早記載於西元前三千年左右，**每個人都是活磁鐵，注定會將你身心靈契合的人、事、物吸引到你的生命中**。

吸引力法則是因果定律的延伸，幾乎可以解釋人生中的每個境遇。如果人們所思所說都在表達他要的，就會吸引那類型的人事物到他的生命裡；如果不斷述說不想要什麼、害怕什麼、擔心什麼，或氣惱怎樣的人，也同樣會把負面和不快樂的經驗吸引到他生活裡來。

吸引力法則是中性、客觀，而不是主觀的。自然法則不會對任何人或任何事偏心，至於它們會對你產生正面或負面的影響，端看你是用建設性或破壞性的方式使用它們。

想要成功、快樂，就必須一心一意只想著自己想要的東西，同時，訓練自己不要說也不要想那些你不想要、不愉快的事。這聽起來很簡單，但往往是自我控制和自我支配的練習中最困難的。

美國心理學家、哲學家威廉・詹姆士（William James）曾說：「信念會創造出真正的事實。」綜觀歷史，人們早已知道信仰深深影響著我們如何看待世界，也深深影響著我們的思想和行為。**你堅信不疑的事情，最後就會變成你的現實世界**。

如果你堅信自己會成功，你的思想和行為就會跟著這個信念啟動，最終就會實現。如果你堅信自己是個幸福的人，好事就會不斷降臨，你的信念也就變成你真實的人生。

有兩位來自不同公司的鞋子銷售員，同時被派到非洲國家開發鞋子市場。甲銷售員痛恨這個指派，非常不想過去。乙銷售員卻很喜歡這個差事，視為晉升的大好機會。兩人分別抵達非洲國家，開始研究當地的鞋子市場，然後發訊息回總公司。甲銷售員因為原本就不情願去，便寫道：「這趟白跑了。這個國家沒有鞋子市場，根本沒人穿鞋子！」乙銷售員把這趟出差視為大好機會，相信自己可以有一番作為，所以寫的是：「真是來對了！這裡商機無限，根本還沒人穿鞋子！」

有首短詩寫道：「兩個男人從監獄鐵欄向外眺望，一個看到泥濘，一個看到星辰。」莎士比亞也寫道：「世事無好壞，是思想使然。」可見，信念會變成現實世界。思想本身會具體化，心中所想會產生同樣的面貌。人們習慣性的思考結果，終究會在周遭世界上演。你要做的就是環顧四周，看看這些永恆的真理。

新約聖經上，耶穌說：「你可以從他們結的果了解他們。」也就是說，觀察他人一生所結的果實，就會了解這個人大部分時候在想什麼。一個快樂、健康、富足、有好朋友和家人的人，大多數時候總是能積極地看待自己的生活，他相信幸福和成功對他而言是很自然而然的事。

哈佛大學幾年前曾做了三項預測，後來這些預測似乎對以後也都很適用。第一項預測：未來這一年，**變化**之多將是前所未有。第二項：未來這一年，**競爭**之激烈是前所未有。第三項：未來這一年的**機會**之多，也將是前所未有。而第四個結論寫在一個附註裡，說明若不能因應快速變化、越演越烈的競爭，或掌握新機會的人，將會在兩年內失業。

## 越是正面期待，越有好事發生

現今的機會比以往任何時期都多，但與過去的機會有所不同。健康、幸福、財務自由，足以讓更多人美夢成真，可是為了掌握這些機會，必須調適未來可能面對的處境。

我們出生的這個年代，大多數的重大疾病已經消滅，沒有大戰或革命，通貨膨脹在掌控中，失業人數下降，積極、有創造力的人的可能性是無限的。我們正進入人類有史以來最讓人夢寐以求的黃金年代，你的目標必須是能善用現代世界所有的不可思議，來設計和創造你自己的未來。

當然，還是有社會、政治、經濟問題需要奮鬥，世界恐怖主義問題也創造了新的不確定和不安感，但這些起起落落都是不可避免的，這些是我們必須面對克服而且終將成功的挑戰。好消息是，可能性依然是無限的。

最大的限制不是外在而是內在的，存在於思想中，隱藏在自我設限的念頭裡，這些念頭就像潛能的煞車，讓人怯於推銷自己，明明有能力遠征萬里，卻只走了百步就躊躇不前。

很多人自認不夠聰明、創造力不夠或能力不足以得到想要的東西，其實這些想法並沒有事實根據。每個人能達到的成就其實幾乎沒有限制，唯一的限制就是自認不行。就像德國汽車大王亨利・福特（Henry Ford）說的：「無論你相信自己做得到某件事，或做不到某件事，你多半都是對的。」

**人們不可能極度渴望某樣東西，同時卻沒有能力達成**。渴望本身通常就是證明每個人都擁有實現夢想的力量，工作只是找出該怎麼做的出路，所以，必須找出所有能增加成功可能性的事情，並且按時完成。

要知道，無論期望什麼，只要有信心，就能完成自我實現的預言。最有力量、最具預測性的成就動機，就是正面的期望態度。當人們深信自己的行動將導向成功、正面的成果時，工作的動機最強。人們會採取行動，是因為充滿信心地期待最後會有好事等著他們。

每天早上開始一天的生活前，先對自己重複多說幾遍：「我相信今天會有好事發生在我身上！」一直到滿腦子都是充滿信心的期待為止。一天結束後，簡短地回顧一下過去幾小時裡發生的事情，會很驚訝地發現，當心中洋溢著自信滿滿的期待時，許多大小好事就真的會發生在你身上。

**成功人士的性格就是這種正面的自我期待塑造出來的**。他們經常期待成功，很少預期失敗，希望每個經驗都能有所收穫、在每個處境裡都能找到美好的事物。他們會看到半杯水裡裝滿的那一半，而不是空的那一半。即使遇到不順利的事情，也會從一時的挫折困頓中尋找引以為鑑的教訓，看能從經驗中得到什麼益處。

成功學大師拿破崙·希爾（Napoleon Hill）研究美國五百位富人後，歸納出共同特徵，就是正面期待的態度。他們皆養成從每次的阻礙挫折中，尋找相對甚至更大的收穫或益處。這種期待會像閃耀的光芒般為你開路，不僅照耀著你，也影響和你接觸的每個人。

每個人對自己和世界的信念會創造各自的期望。期望會決定你的態度，態度會決定你的行為及與人交往的方式，而你待人處事的方式，也會決定別人怎麼對待你。越有信心、態度越積極，越相信自己會成功，更會對周遭的人產生更強的磁場，感召更多人、吸引更多機會進入你的人生，也將更快達成目標。

## 潛意識是吸引力發送站

「潛意識作用法則」（Law of Subconscious Activity）是說：**意識中接受的思想或目標，潛意識也會接受，並當成一種命令或指示**。潛意識是吸引力的發送站，一旦與目標合而為一，就會開始吸引你需要的人才和資源進入你的人生。潛意識決定你的肢體語言和你與他人的互動，使你的言談舉止符合自我觀念的模式，也符合自己最主要的觀念和想法。潛意識的力量非常強大，每天二十四小時全年無休，一旦開始運用它達到目標，就會以現在想像不到的速度向前邁進。

大腦皮層有一個網狀結構，就像電話轉接器，接收打進來的電話再轉出去。網狀結構接收訊息然後傳送到意識裡，同時也傳送到潛意識心智。網狀結構是一種加速反應系統，根據你告訴它的指令運作，這些指令包括你最需要什麼，以及對你最重要的事情。譬如，你決定要買一輛紅色跑車，就會開始看到滿街都是紅跑車，這個欲望或目標會讓網狀結構加速反應，使你對紅色跑車產生高度敏感，然後，你會吸引一些人或一些點子幫你得到一輛紅色跑車。

如果你決定要財務自由，就會馬上對在經濟上對你有幫助的資訊、人和機會提高敏銳度，開始吸引可以提供你想法和建議的人到生活中。你會看到許多書和文章回答你關鍵的問題，你會發現你正採取行動，來幫助你自己實現你渴望的財務自由。

內心規畫會持續影響外在表現，這種規畫可以是突發偶然的，也可以是處心積慮的。一再重複目標的力量，的確可以改變思想、感覺和行為。你可以用正面、現在式、第一人稱的語氣，對自己一再重複目標，潛意識就會把它當作指令接收進來，然後開始運作，把這些目標吸引到生活裡面來。

比方說，當你重複一個肯定句：「我要賺大錢！我要賺大錢！我要賺大錢！」這個指令就會深深嵌入潛意識裡。最後，潛意識就會接受這個目標，開始啟動它本身的力量。很快的，你的內外在都會產生變化，幫助你實現這個目標。

你會發現，那些被稱為是幸運的人總是很自信地談論他們想要的東西，以及他們可以做些什麼來得到這些。他們意識到，正如你會成為你所想的那個人一樣，你得到的也正是你所談論的。所以他們確信他們在談論的都是他們真正想要的，而不是不想要的。

## 在內心創造出想要的真實世界

外在世界會漸漸變成內在世界的一面鏡子，並且反映了內在世界的情況。當你站在鏡子前，看見自己的影像，這個影像決定於你想讓鏡子前站的人是什麼模樣。你看到的世界不是它本來的樣子，而是你現在的樣子。

內心的願望和決心，創造了外在世界的成功和經濟成就，而外在貧乏的人主要是因內在貧乏所致。例如，外在身型大都決定於內在對身型的想法，成天想著大吃大喝各種美食的人，要不超重或身材走樣也難，因此，好身材永遠是從心裡開始的。

人生中的一切經歷，等於心中創造的一切心念。想擁有成功、健康、幸福和成就，就必須在內心建立起與真正想要的世界完全一致的意識狀態，在經驗外在成果前必須先在內心創造出想要的真實世界。

決定命運的不是過去或未來的思想，而是此刻、當下的思想，不必受到過去的錯誤或未來的不確定性束縛。你的潛力是無限的，因為此刻你可以自由選擇你的想法，而此刻你的想法決定了你未來的人生方向。

如果你開車行駛在路上，並且將汽車車輪轉動至一個方向，這就是你當時要去的方向。

如果你讓你的汽車朝新方向前進，這就是你新的去向。**你的未來不是由你昨天或明天駕駛的方向來決定的，一切都取決於你現在的想法和作為**。

你無法控制整個世界，你無法控制現代生活錯綜複雜的細節，你無法控制所有過去和未來的歲月，但你可以控制現在這一刻。幸運的是，這就是你創造自己的未來並取得所有可能的成就要做的所有事情。

人的心智會隨周遭世界不斷變化，你容許哪些資訊和影響力進入腦海裡，都對思考的演進和方向有很大的影響。這些思考變化可能是有意識、深思熟慮和正面的，也可能是偶發、隨意和負面的。

暗示的力量影響你的思考、感受和言行舉止，它會影響你現在是怎樣的人，和未來會變成怎樣的人。每天在心中迸發的影響力，會產生吸引力磁場，把你想要和不想要的東西吸引過來。

就像如果你想要身體健康，自然只會吃健康食品；如果你希望心理健康，你應該閱讀激勵人心的讀物、聽正面的廣播節目、看振奮人心的影音頻道、與積極的人交往，把健全心智當聖物般保護。

## 為自己的人生作主

成功人士的特質就是拒絕找藉口或怨天尤人，相反的，他們一再說：「我要負責！」既然只有你能塑造、決定自己的思想，所以理應為自己的人生負起全責。如果你不喜歡人生中的任何部分，就要負責改變。

承擔責任是一種了不起的解放，能讓你完全為自己的人生作主，對所有發生在自己身上的事情負責到底。既然思想控制命運，那麼為自己的思想作主，就能掌握人生。

只思考想要的好東西，就會變成一個極好運的人，因為你會活化大腦的網狀結構（大腦中提醒你什麼對你最重要的部位），讓它為你的目標服務，你就可以規畫潛意識的活動，增進成功的可能性，同時也不再做阻礙自己的事，排除任何不信任自己潛能的想法。

當你開著新車馳騁在路上時，你會把這部車的良好車況歸功於幸運嗎？當然不會！事實上，任何一件精細耐用的工具，都是根據其機械、物理或電力等原理製造出來的，它們能完美運作，完全不是因為運氣。

人也是一樣。將這些帶來幸運的要素運用在人生裡，就會開始大有作為，從人群中嶄露頭角，享受從未想過的成功和建樹，創造美好未來，而這一切都是設計的結果，不是幸運。

## 行動練習

1. 今天就下定決心，以後心中想的、嘴裡說的，都只是你人生中真正想要的。想想這些東西究竟是什麼？
2. 挑戰過去自我設限的觀念，找出心中阻礙你的負面想法，然後表現出一副「那些想法都不是真的」的樣子。
3. 想像自己做每件事都會大獲全勝，然後隨著這種心情行動。
4. 找出自己今天最大的麻煩和憂慮來源。你可以從中學到什麼，好讓自己以後變得更好、更堅強？
5. 重整心智狀態，用現在式的肯定語氣重複對自己說話，對自己說：「我可以……」
6. 控制周遭環境給你的暗示性影響，不斷用積極正面的書籍、影音、人和談話，灌溉自己的心智。
7. 訓練自己從每個經驗中尋找一些美好或有幫助的東西。你總是能找到。

# 原則2 目標明確是關鍵

人生在世能做的最偉大事情，就是在他所能承受的條件下創造出最大的可能性。所謂成功，就是如此。

——美國作家 奧瑞生．馬登（Orison Swett Marden）

想成功最重要的就是清楚地知道自己在生活中的每個面向想要什麼。建立豐功偉業的主要原因是擁有清楚、明確、可量化的目標和計畫，並且條理分明地寫下來，用熱情完成它。知道自己想要什麼，能大大增加得到它的機率。

目標模糊不清是缺乏成就或導致失敗的主要原因。大部分人失敗是因為不能決定自己何時要真正得到它，以及要用什麼方法得到。激勵大師齊格．齊格拉（Zig Ziglar）說，絕大多數人都只是「泛泛而談」，而不是「討論有意義的詳情」，事實上，你不可能射中看不見的標靶。如果你不知道你要去哪裡，最後可能就會去了別的地方，所以非有目標不可。

沒有目標的人，就像沒有舵的船，隨著潮汐和風向任意漂蕩。一個目標明確的人，就是一艘有舵的船，可以直達目的地。一旦有目標，會很驚訝自己的運氣扶搖直上。我有個有錢的朋友說：「成功就是目標，其他都微不足道。」目標可能不是成功的唯一理由，但是沒有目標就沒有成功！

## 期待好事，就能收穫好事

有些人相信巧合，相信因為一些偶然事件而塑造了一個人的一生。然而事實上，巧合並不是無端發生，與其說是巧合，不如說是某些不同可能性的事件同時發生。根據前面提到的平均數定律（第二二頁），嘗試夠多不同的事情，就像一堆撞球滾過檯面一樣，總會有一兩顆球相互撞到，這些不同事件的聚合有其自然法則，並不是運氣或巧合使然。

「偶然力法則」（Principle of Serendipity）最好的解釋是：把偶然發生的事變成幸運的事的能力或智慧。偶然力法則起源於英國文學家霍勒斯・沃波爾（Horace Walpole）的童話故事《錫蘭三王子》（*The Three Princes of Serendip*）。這三個王子到處遊歷，一路上一再遇到不幸和別人眼中的災難事件，可是他們一面遊歷，一面樂在其中發掘美好事物，結果使災難或悲劇變成前所未有的偉大成就和幸福。

有一次，三個王子到一個農莊，那裡發生一件不幸的意外。農夫的獨子從僅有的一匹馬的馬背上摔下來，摔斷了一隻腿，馬也因此跑掉了。農夫非常沮喪，可是三個王子要他別擔心：「很快就能見分曉了，將會有好事臨門。」當時這個國家正與鄰國發生戰爭。第二天早上，一群士兵來到農莊，強行徵召所有四肢健全的壯丁加入軍隊，由於農夫的獨子摔斷腿，所以免除了這次徵召。不久之後，政府又派人來抓所有能上戰場的馬匹，可是由於農夫僅有的一匹馬已經跑掉了，所以又逃過一劫。軍隊在一場重大戰役中戰敗，大部分男人和馬匹都陣亡了。摔斷腿又丟了馬，原本看似不幸的事件，後來卻救了農夫。戰爭結束，跑掉的馬竟自己跑回來，後面還跟了好幾匹野馬，兒子的腿也復原了。農夫非常高興，原本很明顯的災難，最後變成一連串掩蓋下的祝福。真實的人生中也常常發生這一類的事情，只要肯面對現實，並發現它們。

又有一次，三個王子遇到一位有錢的大地主，整片田地和房屋都被洪水沖毀了，眼看一生積蓄毀於一旦，可以想見他有多麼憂愁又沮喪，可是王子們說服他別灰心，要相信即將會有好事上門。當他們走過洪水沖毀的荒蕪土地時，無意間發現一塊非常珍貴的寶石，接連又發現了好幾塊。結果，洪水使得無數的寶石曝露出來，也使得地主的財富比過去不知增加了多少倍。

掌握偶然力法則精神的關鍵，是擁有正面期待的態度。也就是說，**越有信心期待好事發生，好事就越有可能發生**。唯有充滿信心地相信一切都會有最好的結果，並從每件困難的遭遇中發掘美好的事物，這種從逆境挖到寶的好事才會出現。其中很多一開始看起來根本是失敗或不幸的事情，後來卻變成達到你的最終目標必須得發生的事。

人生中的每個階段都是本就注定的。今天面對或是處理的困難，都可以轉化為日後有利的經驗，幫助你成就理想的人生。你現在可能在一個競爭激烈的行業裡，為一個難纏的老闆工作，產品利潤微薄，前途看壞，一不小心就可能對工作產生負面態度，並且憂慮眼前的處境。但是根據偶然力法則，你便能明白，現在這一刻正是你所需要的，你可以找出其中可能包含的好處或優勢。

你可以自問：「要是我沒有做這個工作，在了解這個工作的情況和前途後，還會一頭栽進這行嗎？」如果答案是否定的，接下來的問題可能就是：「要是我能任意選擇我想要的工作，那會是什麼？」不管什麼工作，都可以把現在的經驗當作一個跳板，獲得更高更好的體驗，而不僅僅只是坐在那裡，祈禱事情會改善。你只能順著一時的錯誤，摸索出正確的方向。

**你從哪裡來並不重要，重要的是要往哪裡去**。逝者已矣，並不能改變，只能當成指引和智慧，幫助未來做更好的決定。別再允許自己為覆水難收的事情哭泣，過去的事是你對生命不可挽回的投資，你應該將注意力放在未來的可能性上面，並朝這個目標前進。

## 人生會發生各種巧合幫你實現夢想

有一個幸運法則是「共時性法則」（synchronicity），運作的層面甚至高過前面介紹的因果定律（第十七頁）。因果定律的內容是：人生中的每個結果，都可以找到一個直接相關的原因。共時性法則是說：**人生中會發生一些沒有直接因果關聯的事，但這些事情的意義卻與你的某個目標有關**。

想像有天早上起床，跟另一半談到如果能去夏威夷度個假該有多好。可是你知道根本負擔不起度假的費用，也沒有假可休。即使如此，到夏威夷度假的念頭還是讓你朝思暮想、蠢蠢欲動。

你注入感情的任何思想，包括想去夏威夷的想法，都會從意識層面傳達到潛意識裡，而這正是啟動吸引力法則的基礎。於是，你傳送正面的振波，開始吸引能讓你實現想法的人和環境，啟動了共時性法則。

於是，你一面興奮地幻想著能跟伴侶到夏威夷度假，一面上班去了。出乎意料的，幾小時後，老闆竟因為你的工作表現良好，而公司現在又處於淡季，所以准你休一兩週的假。

午飯時間，一個朋友告訴你有家新旅行社，推出經濟實惠的夏威夷旅遊套餐，而他又剛好有優待券，優待內容正是你想去的那個島和飯店，算一算，你們兩人整整度一週的假，還花不到兩千美元。

當天晚上，你剛到家，發現信箱裡有一張退稅單，而這筆意外的退稅金額竟正好是將近兩千元！

看看這整件事，你有非常強烈的渴望想跟伴侶去夏威夷度假，結果就在這天接連發生了三件互不相關的事情，但湊在一起，卻讓你在一天之內就達成了目標。

這種共時性事件，通常會發生在你感覺和表現都是最好的顛峰狀態。當你注入情感、思路清晰、欲望強烈、用自信的態度和正面的期望迎向人生時，各種巧合和共時性都會在你的生活中發生。這些事件之間唯一的關聯，就是思想所賦予它們的**意義**。

如果你的想法模糊不清、混亂和矛盾，這些原則對你就沒有作用。缺乏明確目標是多數人不快樂、不成功的主要原因，他們擁有具大潛能，但是卻不能充分發揮他們的優勢，因為他們不了解如何去運作。

這裡有另一個關於共時性法則的真實故事。我有個朋友工作得很不愉快，希望能換個行業，找到更好的工作。他其實比較想在小公司做事，因為升遷和加薪的機會都比較多，在那裡工作靠的是努力，而不是層層關卡的僵硬薪水結構。

第二天晚上，夫妻倆打算去一家餐廳吃飯，可是卻錯過了訂位時間，而餐廳又已經客滿了，於是他們改去附近另一家恰巧只剩下一桌空位的餐廳。兩人一入座，竟發現隔壁桌正好坐了一位很久沒見的朋友，也和他太太及另一對夫妻一起用餐。這對夫妻，先生是城裡一家快速成長公司的總經理，他們正談到現在想找一位有野心、看重發展機會勝於工作保障的人，想找到這樣的人真不容易。於是兩桌便聊了起來，而我朋友也立刻表示，他正在找一份有更多升遷機會的工作。這位總經理給了他一張名片，要他下週打電話過來安排見面時間。於是我朋友終於通過面試，得到這份工作。一年後，他的薪水是原來的兩倍，還和太太搬進了比較好的房子、買了新車，生活優渥多了。

很多人會以為這不過是運氣好罷了，可是這其實是典型的共時性例子。我朋友因為很清楚自己想要的，有信心又很樂觀，便引發了一連串的力量，因為錯過了訂位而陰錯陽差剛好在那個時間、剛好坐在那個位置、而隔壁桌的人又剛好有適合的工作機會提供給他。

那天晚上，他本來可以待在家裡看報紙、看電視，然後什麼事都不會發生。然後他可以告訴所有人他被困在一個糟糕的工作裡，運氣真差！但他因為有明確的目標，使他的每個舉動都為他帶來幸運。你我每天都在做同樣的事情：做每一個決定，採取每一個行動。

## 明確目標推動你走向成功

越清楚自己要什麼，就會越快得到。徹底清楚自己的目標，就能發動所有的心智力量幫助你達成。對特定活動越敏感，就能越快熟悉它，也能越快決定如何分配時間和資源。無論個人生活或工作方面，道理都一樣。

例如，明文寫出策略計畫的企業，遠比打迷糊仗的企業成功。寫策略計畫要花不少時間，可是一旦寫出來，就會變成公司未來的藍圖，使公司有明確的經營軌道，也有衡量成就的基準，而且可以讓公司和員工都專注在高價值的活動上。在企業裡做策略計畫的目的是為了增加盈餘，好的策略計畫能讓員工專心把人力和資源用在增加資本回報上。

個人做策略計畫同樣如此，也會變得更專注、更有效率，只不過個人得到的不是資本回報，而是活力回報。就像企業投資資金到商業活動一樣，你也有個人資本要投資到你的生活，個人資本指的是精神、情感和身體各方面，目標是在工作和生活中可以盡可能獲得最高回報。

幾乎每個不快樂的人都會承認自己沒有真正的目標，他們並不積極控制或決定自己的人生方向，而是不知不覺地循著「意外」生活，其實這意味著**沒有邁向成功的計畫，就等於計畫走向失敗**。

依循意外生活的人，認為人生是一連串偶然、隨機的事件，就像擲骰子或轉輪盤一樣。他們認為「懂得多沒用，關係好才有用」，總是把「你是對抗不了大環境的」這類話掛在嘴邊。他們會去買樂透、玩吃角子老虎、投資迅速致富的商品、買低價股搶短線，或投資自己根本不懂的東西，一心希望鴻運當頭，卻從來沒有稱心過。這些順著意外生活的人，最忌妒那些自我掌控或因目標明確而成功發達的人。

每個產業裡，總是有些人跟別人做同樣的工作，收入卻比別人多很多或少很多。我常碰到兩種人，銷售同樣的產品、來自同一家公司、在同樣的競爭條件下、面對同一群客戶、產品價格也相同，但其中一種人（經常是比較年輕的）的收入卻比另一種人多出十倍以上，即使他們的年齡、教育程度、經驗、才智或其他條件都差不多。這是什麼原因呢？部分答案是因為，**成功的人多做了很多小事情增加成功的機會**，而比較不成功的人卻沒有做這些事。想收成就要先播種，沒有行動，就不會有回饋。

各行業收入最高的人幾乎都有個人的策略計畫。這些人都是高度目標導向的人，非常清楚自己要什麼。他們寫下清晰的藍圖，有完成藍圖的進度表和行動計畫，每天都照計畫行事。

你越清楚自己想要什麼，就越有信心去實現它，你越積極，就越能享受到偶然力法則和共時性法則，你的生活就會產生一系列連續不斷的快樂事件，推動你朝著目標前進，並使你的目標朝著你前進。

## 掌控人生等於掌握成功

想擁有幸運，就要知道「掌控法則」（principle of control），成功與掌控人生兩者之間，有直接的互動關係。**越覺得能掌控自己的人生，因為越能感受到自己的力量，所以越快樂、正面、活力充沛、有目標**；相反的，如果覺得人生受制於老闆、帳單、健康、親密關係、童年經驗、種族或任何因素，就會覺得無法掌控自己的人生，而感到焦慮、負面和憤怒，覺得自己像個無辜承受人生遭遇的犧牲者而無力改變，甚至會忿忿不平地因自己的麻煩而責怪別人，怨恨成功的人並嫉妒表現比自己好的人。結果等於把自己往失敗的方向推，反而吸引那些反映自己負面心智的人和境遇到人生裡。

成功與幸福，就從掌控自己的人生開始。有目標的感覺就像坐在駕駛座上，手握方向盤，將人生駛向自己想要的方向。正如十九世紀英國首相班傑明・迪斯雷利（Benjamin Disraeli）所說：「**成功的祕密，就是始終保持目標。**」真正成功的人，都是極為專注且有目標的人。兩個能力相當的人，其中意願最強的，也就是目標比較強烈的人，通常比較成功。

設計個人策略計畫時，要由內而外著手。從整個人的本質、最內在的價值觀和信念開始，然後安排日常生活各方面的活動，使你的行為和日常活動都能與你基本的原則和諧一致。只有了解自己內在真正是怎樣的人時，才能決定外在真正是什麼。然後組織你日常生活的各個層面，使你的行為與你的基本法則一致。問自己，在這個目標中，你的價值觀是什麼？你相信什麼？你支持什麼？同樣重要的是，你不支持什麼？

你自己回答這些問題的能力，就是成績達標和成就自我的起點，這些答案對於釋放你的全部潛力和確定你生命中真正想要的事是必不可少的。當你知道你真正的內在時，才能決定你想要的外在。

每個人大概都需要三到五個核心價值，來建構美好的生活和品格。一旦選擇好核心價值後，就要依重要性排列，哪個對你而言最重要？哪個排第二？第三又是何者？

你如何表達你的真實價值？很簡單，每個人都可以從行動表達自己重視的價值。只要觀察自己的所做所為，尤其是在壓力下的反應，當你被迫在兩個行動中選擇一個時，總是會選擇的那個行動，就代表那是你在那個時候最看重的價值。

如果某人說：「我最重視我的家庭。」就表示，當他被迫選擇時，總是會選擇他的家庭。可是，嘴裡說的、心裡想的，或未來打算要成為哪種人，都不算數，只有真正做到的才算數。只有你的行為才能告訴自己和周遭的人，你真正是個怎樣的人。

## 用願景創造美好未來

價值觀一旦確定，就可以創造個人願景。**願景**是未來某個人生階段的理想畫面，你可以為自己、家庭、事業創造願景。想像一下，若是你可以自由創造一個完美的未來，會是什麼樣子？

有成就的人都是因為能清晰描繪出未來的畫面，才能一步步走到那裡。他們容許自己作夢，創造了可能的美景，不讓自己陷在眼前的狀況裡。為自己的未來發展出一個非常有驅策力、令人振奮的願景，是創造未來最重要的步驟。

想像你贏了一千萬美金，或從一個失聯已久的親戚那裡得到一筆遺產時，你會做什麼不同的事？會怎麼設計你的人生？如果你能清晰地描繪出來，那麼這個願景便會指引你，讓你每天思考可以做些什麼來實現這個理想的未來。

有成就的人其中一個特質之一，就是他們會對自己、家人和組織創造理想的、令人興奮的未來願景。英國著名劇作家蕭伯納曾寫道：「大多數的人看世界會問『為什麼』，我看世界則是問『為什麼不呢？』」

美國有許多人的起點都極卑微，後來卻能上升到崇高的高度。有些人或許來自國外，沒有任何優勢，但他們都懷抱夢想。他們相信自己有能力可以實現夢想，而啟動了前述的各種法則、定律，最後能夠如此成功。

有了理想的人生願景，接下來就可以用一句話陳述自己的**使命**。使命和願景不同，願景是一幅理想的人生畫面，使命則是很明確的一段陳述，表達未來某個人生階段想要變成怎樣的人。你的使命宣言描述了你想如何讓你的生活有所不同，以及你將如何改變其他人的生活。當別人問起愛因斯坦人類生命的目的時，他回答：「為什麼這麼問？當然是為他人服務。還會有什麼其他目的？」

使命也表達出你希望將來別人怎麼形容你。美國管理學大師史蒂芬・柯維（Stephen

Covey）建議，可以像寫自己的訃聞般寫出自己的使命。想像你希望別人記住你什麼，以及親朋好友如何在你的葬禮上描述你，而這就是你對自己使命的期許。

你個人的使命可以做為你對待他人的**行為準則**。例如，如果你的價值觀之一是誠實，那麼你的使命就是：「無論付出什麼代價，我在任何情況下都對自己和他人誠實，我總是信守諾言，並且能被絕對信任。」

工作上也需要有使命。這個針對工作或事業的使命在某些方面更具體，應該是可量化和可實現的。有段時期，美國電話與電報公司（AT&T）的使命宣言是：「讓美國每個人都有電話可用。」這個使命花了該公司八十年的時間才達成，指引了這個在當時幾乎是全世界最成功的公司達一世紀之久。然而，一旦達成目標後，AT&T卻再也沒有發展出新的使命，從此就一蹶不振了。

你的職場使命可以是這樣的：「我是一名出色專業的銷售人員，我為每一位客戶提供優質的服務、誠實的交易，因此我可以每年賺取超過五萬美元。」這個使命宣言指出了你想在這個行業達到的收入標準，以及你如何衡量自己所達成的目標。任何一個客觀的第三者都可以視你的行為和成果，告訴你與目標有多接近了。

擁有願景和使命的美妙之處在於，你可以透過思考和定期回顧，讓所有的法則和定律在你的生活中發揮作用。你實際上開始成為你想像中的人，創造你夢想的未來，塑造自己的特質和命運。

增強追求目標的熱情，可以增加成功的可能性。成就目標唯一真正的限制就是：**渴望決定命運**。渴望湧自內心深處，根植於人格和真正價值觀的底層。能對成就某個目標、特質，或任何事物產生熾烈渴望的唯一原因，就是這個目標是你真正價值觀的呈現，並切合你一生中真正想成就的願景。

## 編列夢想清單讓你成為贏家

你可以開始一個很美好的練習：拿張紙開始編列夢想清單。想像自己沒有任何限制，擁有無限的時間、金錢、資源、才能、教育、經驗及社會關係，確實**寫下自己真正想要的，不要考慮做不做得到**。暫時把「可能」這個詞放在一邊，任自己盡情作夢。

寫好夢想清單後，另外拿張紙寫下今天的日期，然後至少寫出十個你想在未來十二個月內達成的目標。這是學習達成目標最有用的練習，既簡單又有用。只要一張紙、一支筆和幾分鐘時間。

要知道，有高達九七％的人沒有清楚寫出目標。當你為未來十二個月寫下十個想達成的目標時，你就躋身前三％了，也就是晉升到精英之列。

有趣的是，即便一年之後你已忘了這張紙放在何處，你的人生還是會有所改變。當你再度打開這張清單時，會很驚訝地發現，其中有八到十個目標都以最佳方式達成了。

這個練習已經有全世界好幾萬人驗證，效果卓著，事實上，很多人甚至因此整個人生都改變了，有時短短三十天內就能看出成效。現有的成就越高，寫下十個目標後得到的成果就越快也越大。

寫好十個目標後，問自己：「清單上哪個目標對我的人生會有最大、最正面的影響？」將它排在清單最上面，這個目標現在變成你可預見未來的首要目標，也是你一切活動的中心原則。如此一來，你就晉升到社會中前一％的精英階級了。

在清單裡的每個目標下面，寫下你想得到、能幫你達成目標的行動。有越多不同的行動幫你達成目標，方向就會越清晰，也會變得越有信心和決心，想即早根據行動清單提前實踐。剛開始你可能會感到猶豫迷惑，甚至懷疑自己的能力，可是一旦計畫出必要步驟之後，就會用全新的眼光看待這個目標了。

**細節計畫越詳細，越有可能完成**。寫下目標和計畫，就等於把它們深植在潛意識中，並且堅信自己真的能達成，然後就會開始吸引一些想法、人及資源進入你的生命裡，幫助你朝實現目標之路邁進。

有了行動計畫後，至少選出其中一項立刻採取行動，一旦付諸實行，就會看到進展，這個進展會激勵你採取更多行動。

對於計畫「問對問題」是贏家與輸家的差別所在。輸家一聽到要寫出十個目標，然後選出其中一個集中火力，每天全力以赴，就會先問：「如果沒用呢？」可是，贏家會問：「如果真的有用呢？」如果沒有用，你付出的代價也不過是一張紙和幾分鐘而已；可是，如果真的奏效，這張紙和這幾分鐘就會改變你的一生。

曾有個財務顧問參加我在亞利桑那州鳳凰城週末上午的講習課程，當天下午就立刻飛回休士頓。接下來的週四，他告訴我一些離開課程之後的情形。

他說，他以前就聽過八百次關於列目標清單的事了，可是一直懶得寫下來，後來聽了我的建議，終於下定決心寫下往後十二個月的十個目標，在週末下午回家的飛機上完成這件事。沒想到，在週日早上七點不到，他在二十四小時之內，就已經完成了十個目標中的五個，其中有財務方面也有家庭方面的目標。於是他很快又寫了五個目標加入清單，以便從週一開始又有十個目標可進行。到週四傍晚五點左右，他打電話給我時，已經又完成了其中五個目標。

他說：「老實說，我在這六天裡完成的目標，遠超過我原來預期整年所能做到的。真是太神奇了！」

## 努力到最後就會開始起飛

寫下你的目標後，你可以用一系列強大的技巧來幫助你更快也實現目標。「加速法則」（principle of accelerating acceleration）是說：無論你正朝向什麼目標，這個目標同時也在朝向你，就像吸引力一樣。事實上，這正是吸引力法則的推演，不過卻有一個很重要的差別。

當你一開始設定並努力一個新的重大目標時，通常進展很慢，可能會覺得很挫折或想放棄，而且目標越大進展越慢，可能努力了很長一段時間，仍看不到任何進展，可是這正是達成目標的過程之一。

我們可以用二〇／八〇規則解釋加速法則：**在你朝目標努力的前八〇%的時間裡，通常只能走大約二〇%的距離。可是，如果堅持不放棄，就會在二〇%的時間裡走完後面八〇%的距離**。然而大部分人卻常走到前二〇%的距離，便心灰意冷半途而廢，殊不知自己其實已經打好必要的地基，正準備要起飛。

這種加速法則幾乎適用於你為自己設定的每一個大目標。因此，你必須提前決定自己永遠不放棄。這個決定能讓你的成功機運更強大。

有一個強而有力的練習，可以提升你實現目標的速度：

- 將目標寫在用三乘五吋的資料卡上，一個目標寫一張，用對自己說話的語氣寫出**現在式的肯定句**。例如：「我的體重是一五六磅」、「我一年賺五萬美金」、「我的英文說得既標準又流利」。
- 隨身攜帶這些小卡，每天早上起床和晚上睡覺前重複閱讀，**想像這些目標已經達成時的畫面，然後，加入達成目標的喜悅感受**，就像你開著夢寐以求的愛車暢快馳騁時，你會有多麼的幸福與快樂一樣。

許多業務員會用這個練習來想像他們是公司的頂尖業務，在企業大會上榮獲最高獎項，走上舞台接受董事長頒獎。彷彿真的聽到掌聲，他們在內心創造了得獎時將享受的自豪感和滿足感。而這些人也一再成為組織中表現最好的人。

無論你總是在思索著什麼，它都會在你的世界裡發芽滋長。只要能一心一意、念茲在茲專注在某個重要目標上，就能強化自己的精神力量，增加創造力，為達到目標而釋放能量。目標越清晰，越能啟動所有的精神力量，在周遭創造一個磁場，吸引各種好事發生在自己身上，這就是一般人所說的幸運。

你對自己的生活和未來做出的承諾，可以藉由確定你的價值觀、願景、使命和目標為最佳指標，如果你照確定的方向繼續前進，將會成就非凡的事情，沒有什麼能夠阻止你，而你也會成為最幸運的人之一。

## 行動練習

1. 回顧你的成功經驗，找出曾發生在你身上一些共時性和偶然力法則的例子。你該怎麼做才能讓這種事再度發生？
2. 為理想前途和生活方式創造願景。想像你的人生各方面都非常完美的情景？
3. 列出夢想清單。假設你擁有無限的時間、金錢和能力，會真正想要什麼？
4. 用現在式肯定句，為未來一年或兩年內想達成的願望寫下十個目標，就像已經做到似的。
5. 選出對你人生會有最重大、最正面影響的一個目標，成為你的首要目標，然後時時刻刻放在心上。
6. 為這個首要目標做一個行動計畫，包括各階段完成時間、量化標準和優先順序。
7. 針對這個目標立刻採取行動，每天都做一些能幫你達成目標的事情。下定決心絕不放棄！

# 原則 3
# ▼知識就是力量

得智慧，得聰明的人，便是有福。因為得智慧勝過得銀子，其利益強如精金，比紅寶石寶貴。你所喜愛的一切，都不足以比較。

——聖經 箴言

今日的世界如競技場，輸贏大部分要看自己，然而大多數人並未察覺自己身在一場競賽中，只是漫無目的地遊蕩，不知道競爭多麼激烈，也不了解輸贏有多麼重要。

非洲大草原上，每天早上會有隻瞪羚從睡夢中驚醒，牠知道在即將面對的這一天裡，如果想活命，必須跑比最快的獅子還快。而在此同時，在非洲大草原上，也會有隻獅子醒來，牠知道如果這天不想餓肚子，就必須跑得比最慢的瞪羚快。

不論你是瞪羚還是獅子，只要太陽一升起，最好就準備開跑。

## 腦力創造無限價值

人類有歷史記載以來，大約花了六千年才從農業時代進入工業時代，而工業時代正式登場大概在西元一八一五年左右，到了西元一九五〇年時，已開發國家的大多數勞動人口都已屬於工廠工人了。可是到了一九六〇年左右，前後不到一百五十年的時間，工業時代就過去了，人們跨入服務時代，提供各種服務的勞工比在製造業生產的工人還多。

僅僅二十年之後，到了一九八〇年代晚期，人們又脫離了服務時代，就業市場進入資訊時代，這時生產和處理資訊的勞工比之前任何時期都多。邁入二十一世紀之後，進入了通訊時代，如今生產並傳播各種資訊、構想、娛樂、新聞或教育的受雇勞工，也比其他單一產業的受雇工人都多。

人們從使用肌肉過渡到使用心智，從使用蠻力過渡到使用腦力，從製造和搬運東西，演進到創造和傳播構想知識。今後，工作中的知識內涵、傳播能力，將決定你大部分的工作價值、賺錢多寡，以及全面的生活品質。

根據電腦的摩爾定律（Moore's law），資訊處理容量每十八個月就增加一倍，同時，資訊處理成本卻下降五〇%，這種效率成長真是驚人！如果一部新勞斯萊斯汽車也像電腦容量改良的速率，那麼今天一部新勞斯萊斯大概只要兩美元，每加侖汽油可以跑七百英里，每小時可達五百英里。事實上，今天一部新勞斯萊斯汽車所用的電腦系統，比先進的登月火箭阿波羅十三號還多，一部新車花在電子裝備及知識資訊系統上的錢，比建造其鋼鐵成本還多。

進入資訊時代的速度之快，知識轉眼成了價值的主要來源，然而社會上大多數重要機構卻都還沒有了解或跟上這個變化，這正是我們這個時代很大的挑戰，也是很大的機會。

我有一個朋友的公司在五年間，每年業績從一百萬美元增加到一千萬美元，獲利增加了三倍。他的銀行卻因此撤銷他的信用額度，把這家公司列為高風險機構，因為這家公司有極高的銷售業績，卻沒有增加固定資產，像是家具、設備、建物、汽車、電腦等等，至少沒有跟著公司成長的速度等幅增加。銀行不了解這家公司的主要資源是腦力，而這種資源可以用無數種方式創造財富，根本不必在固定資產上投資。

如今常令金融機構困擾的是，價值一百萬美元的工廠可能在短短一年內就因科技變化而過時。因此銀行要求擔保品，然而最有價值的資產根本無法衡量，因為最有價值的資產正是人們兩耳之間運作的知識。**公司可以在一夕間關門大吉，腦力卻可能在幾小時內東山再起。**

就在幾十年前，若是一家工廠被燒燬，這間工廠就會倒閉，也可能永遠不會重建，有時候甚至圍繞這座工廠而形成的整個社區都會瓦解。如今情況已不再如此。

找出致勝優勢是本世紀最重要的觀念之一，無論在知識或能力方面，有時極微小的差別卻可能導致極為不同的結果。就好比一匹馬在賽跑時只以一鼻之距拔得頭籌，牠贏得的獎金卻是名列第二的十倍。得冠軍的馬並沒有跑得比其他馬快十倍，可是這一個鼻子的差距就立刻變成十倍獎金之差。

當一家公司在競爭激烈的市場中獲得生意時，通常只比未能得到這筆生意的公司好一點點，但卻能得到百分之百的業績和利潤。這家公司並不比其他公司好上百分之百，只是發揮了「致勝優勢」，一切就不同了。一位高階主管表示：「我們比競爭對手更快學習和應用新點子的能力，是我們能保持競爭優勢的唯一原由。」

## 成功帶來下一次的成功

無論景氣好壞，每個月都有成千上萬人遭裁員，這個趨勢還會繼續下去。知識和資訊快速變化，不但創造許多新產品和新服務，也導致很多產品及服務快速過時。一旦需求改變，人們只好迅速轉換生產消費者目前需要的產品，而不是繼續生產昨天的產品。

人類知識的粗估總量每二到三年大約增加一倍，這意味著你可以把人類歷史上以及來自不同國家所累積的所有知識，以各種形式結合起來。一項新知識可以跟其他知識結合再結合，創造出更多知識。也就是說，個人單一領域累積的知識必須每兩三年增加一倍，才能使你目前的能力、收入保持不變。如果個人知識增加的速度跟不上這個領域總知識的成長，就極有可能被淘汰。

被裁員主要是因為公司需要新型態的知識和技術，也需要擁有更新專業知識的人才，所以當有些公司宣稱裁減員工之際，其他公司卻在雇用不同職位、知識及職務的員工。此時，你必須要懂得「整合複雜性」（Integrative Complexity），才能幫助你比一般人取得更多成就，意思是：在每個群體裡，能吸收、整合及供應最大量必要資訊的人，就能掌控其他人。換句話說，擁有組織中某種需求的知識和經驗越多，越有能力幫助這個團體達成目標，權力、地位、影響力和特權便會趨向此人，因為他最能為所有人的利益取得並運用知識。

知識和經驗讓人有能力辨識正在形成的新情勢，能辨識越多經驗重演的模式，就能越快對各種狀況作決策並採取行動。模式辨識能力強的人，通常都能升遷到重要組織裡的最高位，他們的判斷和貢獻會比其他人更有價值，也更有影響力。

比方說，超級業務員通常都能年復一年登上超級業務員排行榜，因為他們不斷增進知識和技巧，推銷更多產品和服務給更多難纏的顧客。就像賽跑時領先的選手越來越領先一樣，超級業務員一旦領先之後，會學習在更複雜、更多樣的情況下辨識更多模式，繼續超前其他競爭者。這使得他們能迅速看出潛在銷售機會，立刻知道該說什麼或做什麼以爭取生意。也就是在這樣的良性循環下，業績將越滾越大。

業務員每多接一個銷售案，就多獲得一次經驗，而這個經驗及伴隨而來的經驗模式，能讓他們日後更輕鬆、快速地銷售更多。「沒有什麼比成功更能帶來成功了。」這就是每個競爭領域裡實際發生的情況。

## 不要滿足現有的成就

由於各專業領域的知識迅速擴充，你累積的既有知識也會以前所未有的速度迅速過時。有些領域知識過時的速度比其他領域快得多，像是歷史學或圖書館管理學的知識領域變化就比較慢，可能要十或二十年，甚至更長的時間才會過時，然而證券商的知識，無論價格、市場變化、利率、景氣等，卻可能在幾天甚至幾小時內就過時了。

未來是能者的天下！多愁善感、誠懇老實或徒具野心而沒有行動的人，充其量只是對自己的工作在行的人，唯有深知如何達成目標，每天不斷吸收新知的人，未來才會前途大好。

「富者益富，貧者益貧。」但今日已不是錢多錢少之爭了，而是知識多少的競爭。在美國，導致收入差別的最大因素，就是哪些人能不斷增加知識，哪些人卻在原地踏步。想賺得多，就得學得多。你必須學習新資訊、新想法和新技能，並應用到你的工作中。停滯在目前的知識和技術水準上，注定要出局。

我們常說知識就是力量，其實，**只有應用知識才有力量**。在今日的經濟社會，能為花錢的人帶來利益的知識，才是真正的力量。

該如何確定新知識的價值？很簡單，有價值的知識才能增加成就別人的能力。許多課堂裡教的知識絕對都是真理，卻必須轉換成別人願意花錢來買的某種價值。許多大學畢業生面對的問題之一是，花三、四年所學的學科，除了自己以外，沒有人真正在意。這就是為什麼八〇％的大學生發現他們在離校兩年內，都在做本科系以外的工作，因為他們最終還是必須找一個有實際利益的工作來做。

早年我是在條件很匱乏的情況下起步的。可是我小時候很愛看書，長大後更迷上了閱讀和學習。這些年來，我發現幾乎每個白手起家的人，一路走來，其實都非常投入讀書和自我成長。要知道，**你可以學習任何你需要學習的東西，好實現你為自己設定的任何目標**。

這是成功重要的原則之一，如果應用得當，那麼你能成就的事便沒有任何限制。如果你很清楚自己的目標，就會知道需要學習和實際應用哪些知識，才能達成目標。

不久前，我跟一群生意人在加州帕羅奧圖（Palo Alto）一起吃晚餐，那裡距離矽谷不遠。坐在我旁邊的是位華人紳士，十五年前拿到獎學金後，從台灣到史丹佛大學讀工程。我問他現在在做什麼，他說在做電子生意。

我立刻想到消費性電子產品，一種高價格低利潤的生意，賣電視和錄影機之類的。我問他生意如何，他說相當成功，可是仍希望未來還能更好。我禮貌地問他現在生意做得多大，他說他們的營業額剛突破十億美元，員工超過兩千人。原來他的「電子生意」指的是生產電腦零件和主機，供應美國國內外幾個最重要的電腦廠商。他和另一個同樣來自台灣的合夥人共同擁有這家公司，大約十五年前從台灣來美國，接受了相當的教育，不斷更新自己的技術並開創事業，完全憑著腦力和韌性，建立了一個價值億萬的企業。

而這個時代最偉大的成功故事，就屬比爾．蓋茲用他和保羅．艾倫（Paul Allen）在大學裡的一個構想，創造出了微軟。他至今仍是全世界最富有的白手起家富翁，而他的成功，完全得自於腦力。

## 你不必是一個天才，只需要學習

千萬別以為在這個資訊時代，非得是史丹佛或哈佛博士學位的高科技電腦奇才，才能闖出一番天地。其實**人類九〇%的財富，仍然是靠一般行業，在當地市場販售大同小異的商品和服務給一般顧客。你真正需要的只是有一〇%創新成分的構想，開創新的財富**，可能是一種新知識、新構想、新眼光，以及在市場上靈活運用的意願和能力，就能在今天的經濟體系裡大展鴻圖。

林肯曾寫道：「我只要讀書，讓自己準備好，有朝一日機會就會上門。」所謂好機運，就是當機會來臨時，你已經準備好了。但多數人只會成天坐在那裡，等待時來運轉，偏偏人不會沒來由就時來運轉，機運是自己創造的。拿破崙曾說：「機會？什麼是機會？我創造我自己的機會！」

南丁格爾也曾說：「如果機會來了沒準備好，只會讓自己看起來像個笨蛋而已。」

根據吸引力法則，一旦付出代價做好準備，就會把機會吸引到生命裡，你準備的知識和技術達到什麼層次，就會讓你發揮到什麼層次。發揮自己的天賦能力，機會之門就會為你而開，讓你有所發揮。

人在培養了一種有用的才能之後，通常隔不了多久就會因為某種很好的目的，而得到發揮此才能的機會。某種奇特的力量會將你所需要的人、情況、機會和資源吸引到生命裡，使你為自己及他人的利益發揮這個才能。

不斷找出幫你達成目標的新想法，就能大幅增加自己贏的籌碼。事實上，你能想出多少改善現狀好點子的數量和品質，將與你的成就成正比。

想法是成就未來的關鍵，是今日有價值事物的主要源頭，幫你超越顛峰的知識精華，也是綜合資訊之後結晶的觀念。想法越多，越可能在對的時機為自己找到對的想法。但是請記住，**想法本身並沒有任何價值，除非你有能力運用它**，使它實際帶來一些成果或進步，才能創造出價值。

事實上，九九%的點子是沒有用的，至少最後不是以最初的想法成功，這就是為什麼一開始需要有很多點子，以便最終變成一個有用的想法，所以想法的數量和品質有直接關係，派得上用場的想法，只有在跟其他想法及資訊結合再結合，終於產生一些有價值的成果時，這個想法才算真正有價值。

大多數人都隨波逐流，沒有警覺到自己知識有限，而且在一天天過時，仍渾渾噩噩過日子。只有少數覺醒的人，了解我們正在知識的競賽中，而發揮了致勝優勢，因為這些領先一步的人知道要追求卓越的知識，才能登峰造極。

美國勞工局研究發現，一個高中畢業生一生工作所得，大概在六十萬美元左右，可是有兩年社區大專學位的人，一生大約可賺一百萬美元，比高中學歷者多四十萬，也就是多讀一年大專，一生就多賺二十萬，相當於每年多賺五千美元。教育越高，所得也越高。

另外，有四年大學文憑的人，平均一生所得為一百四十萬美元。有碩士學位的人，相當於五到六年的學院教育，一生大約賺兩百萬美元。而擁有博士學位的人，也就是大約再多讀二到四年書的人，平均一生賺三百萬美元。

換句話說，高中畢業後每多念一年書，視行業別平均每年會增加八％到二五％的收入。通常念社區大專或技術學校的人，一開始賺的錢比大學畢業生多，因為在社區大專學的東西馬上可以實際運用，所以讀較實用科系的人，對雇主來說貢獻更快。

想知道一棟辦公大樓能建得多高，只要看地基挖得多深就知道了。地基深度決定建築物能聳立多高。可是一旦建築物完成，就不能再挖深地基在地面上加蓋樓層了。建築物的高度決定於原始地基的深度，無法事後改變。

同理，想知道自己這一生能多麼出眾，只要看你用實際的知識和技術為自己挖的地基多深即可。然而不同的是，你可以不斷挖深自己的地基，增加知識和技術的深度，也就能無止境地提高成就。

不斷的學習能帶來高品質的思想。用越多新知識、新眼光、新構想、新資訊餵養心智，心智就越具磁性，於是便能吸引各種機會和可能性到生命裡，使你充分發揮能力，更上層樓，完成更多目標。

## 成功者皆愛閱讀

擴充知識的關鍵就是閱讀。也許不是所有愛閱讀者都是領導者，但是所有好的領導者一定都愛閱讀。根據研究，美國最高收入者平均每天閱讀二到三個小時，收入最低的人則根本不看書。

根據美國書商協會（American Bookseller Association）的統計，八〇％的美國家庭在過去一年中根本沒買過或讀過任何一本書，七〇％的美國成人在過去五年從未踏進過任何一家書店，五八％的美國成人在離開學校後就再也沒讀過一本書，其中還包括了四二％的大學畢業生在內。

《今日美國》（*USA Today*）雜誌曾經統計，四三．六％的美國成人閱讀能力低於七年級標準，這表示他們在實務操作上幾乎等於文盲。高達五〇%的高中畢業生不僅看不懂他們的文憑，甚至不會填應徵麥當勞工作的申請書。很多大公司不斷刊登廣告徵才，卻不得不拒絕高達九五%的應徵者，因為他們連基本的閱讀能力都沒有。

我朋友查理說：「除非能多認識一些人和多讀一些書，否則五年之內就會在原地踏步。」我想補充的是，除非能多聽些學習影音、多上些課、多吸收些資訊，否則五年之內將在原地踏步，因為你不知道該怎麼闖出成就。

二〇〇一年是美國電影史上相當成功的一年，整個產業花了八十億美元，使得電影產業變成美國最大的產業之一。每天的報紙和雜誌刊登的都是電影明星和電影產業新聞，而這些主題更是電子媒體的常客，人們看似好像被電影文化淹沒了。可是你可能不知道的是，美國人每年花在書籍上的錢高達兩百五十億美元。事實上，二十一世紀已經被封為「書籍的世紀」。每年出版的新書超過十萬種，可在亞馬遜網路書店訂購的書目，更超三百萬種。

走進大戶人家，最先看到的就是滿櫃的藏書，越富有的人房子越大，藏書也越多。而走進貧窮人家，最先看到的卻是他們能力所及買得起的最大的電視！正因為人們買書、學習並實際運用，才慢慢增加收入，最後終於可以過著優裕的生活。

## 閱讀為你開啟一扇門

羅伯在學校時成天鬼混不讀書，甚至連高中畢業文憑都沒拿到，直到出社會才發現自己唯一能找到的工作，都是些最低薪資的勞力工作。雖然出身於很好的家庭和社區，可是只能做一些沒前途的工作。而其他跟他一樣高中沒畢業、沒學會閱讀的朋友，情況也一樣。

我告訴他必須多受點教育，但他表示不愛讀書，閱讀長篇大論讓他很不耐煩。於是我建議他去社區專科選一門閱讀課程。他也終於去註冊，念了兩年夜校，學會了閱讀。有了這個新能力後，接著又去一所技術學校研讀生物醫學電子科，兩年後拿到文憑。

羅伯的人生因此完全不同了。他立刻被一家大型醫院用品公司雇用，賣醫療器具給醫院和診所。五年內年收入就超過五萬美元，還擁有一個家庭、新車和優渥的生活。學習閱讀和接受進一步的教育，是他人生的轉捩點。

一本專家的著作可能帶來意想不到的好處，因為書裡充滿許多別人已經花了二十年驗證的構想和經驗，**只要花費一本書的價格，你就可以從書裡得到別人用一生才領悟到的寶貴經驗，或者是耗費一大把鈔票累積而來的知識。只要能從書中讀到一個不錯的想法，就可能改變你人生的方向。**

可能你遇到的每個問題，都已經在某個地方被某個人解決了，而你可以在一本書中找到答案。如果這個答案可以幫助到你，那麼就能為你省下許多金錢，或者是數月或數年辛勤工作的時間。這就是為什麼成功的人總是在尋找新的資訊和想法。

你可能必須看了一百個想法後，才能在某個時刻忽然發現一個自己真正需要的，然後為人生或工作帶來了很大的轉機。你需要在大量的想法中，找出一個高品質的見解，以便在對的時刻、對的情況下，幫你解決問題。

為自己買些書，增加自己的藏書吧！最好不要在圖書館借書。你需要真正擁有一本書，閱讀時才能用顏色筆畫下重點，成為你的私人資產。

我第一次看一本書可能要花好幾個小時，後來不到一個小時就能看完整本書的重點。現在，我會迅速讀完一本書，然後再從頭將全書最重要的想法記錄下來，以便之後重複閱讀，這會大幅加快學習和記憶的速度。

## 如何有效閱讀

提高閱讀速度是種勤練就能學會的技術。有一種OPIR法可增加閱讀速度。這四個字母分別代表**Overview（瀏覽）**、**Preview（預覽）**、**Inview（細讀）**、**Review（重讀）**。

在深入了解一本書前，可以先大致瀏覽一下這本書。翻翻書的前面和後面，看看作者簡介，確定一下是不是真的內行人，再看看目錄，確定是否真的對這些內容感興趣，然後看看附錄和參考書目，迅速了解作者的資料來源。如果感覺不錯，認為這本書對自己很受用，就可以進入下個步驟。

第二步驟是預覽。買了書之後，從頭到尾一頁一頁翻閱一遍。你可以快速看看每章的章名、每段的標題，以及每個圖表，盡可能多看一些段落的前幾行主旨，看到有興趣的標題，也可以放慢速度，細讀幾段文字，感受一下作者的寫作風格，確定自己喜不喜歡這本書、欣不欣賞作者的表達方式。

第三步驟是細讀。如果不是小說類等虛構內容的書籍，可以先從最有興趣的章節開始看，不想看時就停下來。有時候，一本好書只會有一兩個章節跟你目前的生活有關。一旦開始細讀，就盡量在書裡多做些記號。下次回頭重讀時便很容易找到重點。

最後一個步驟是重讀這本書。不管你多聰明，重要內容還是必須重讀三、四遍才記得住。如果能在書裡做記號、畫重點，就可能幫你在短短一小時內重新閱讀一遍，而且迅速掌握全書的重點。

多參加幾個讀書社群，選購一些他們提供書籍簡介的書，再買一兩本推薦的年度好書，用不了多久，你就會成為生活圈裡資訊最豐富的人了。

想跟上時代，就訂購你的領域具代表性的報章雜誌。做生意應該訂購《財星》（*Fortune*）和《富士比》（*Forbes*）。銷售人員應該訂購《個人銷售雜誌》（*Personal Selling Magazine*）。資深管理人應該看《哈佛管理雜誌》（*Harvard Business Review*）和《史隆管理評論》（*Sloan Management Review*）等。想知道該看什麼書的最好方法，就是去問你那一行最成功的人看什麼書。根據因果定律，如果你讀成功人士讀的書，也會很快知道他們知道的知識，然後在你的領域發展出致勝優勢。

閱讀雜誌時，可以用撕下閱讀法節省時間。翻到雜誌的目錄頁，挑出覺得對你可能重要的題目，然後直接翻到那些文章並撕下來隨身攜帶，剩下的雜誌就可以丟掉了。只要一有幾分鐘空閒時間，就可以拿出撕下的雜誌一面閱讀一面標出重點。

閱讀有兩種類型：保持閱讀和成長閱讀。保持閱讀是指閱讀最新報章雜誌，不斷更新你這領域的資訊；成長閱讀則是指看了某些書之後，能真正增進你這一領域的新知，這種知識能使你成長，而不只是維持現狀。

## 生活中的學習機會

在車裡或運動時，可以收聽一些學習節目或有聲書。在美國開車的人，平均每年大約要開一萬兩千到兩萬五千里車程，這表示駕駛人平均每年會花五百到一千小時在車上。若能善用這些時間，就可以把車子變成一個學習機器，也就是一間移動大學。

在上下班的路上或公出時，都不是在度假，這些時間你浪費不起。邊開車邊聽音樂，實在太奢侈了，倒不如不斷學習新知讓腦筋保持靈活成長。將一年平均在車上花的時間用來聽學習節目或有聲書，就等於修了三個月到半年每週四十小時的課，或相當於讀了一到兩個學期全天候的大學課程，效果十分驚人。

此外，亦可上課或參加研討會，聽有實務經驗的權威和專家講課，越快派上用場的資訊，越能終生不忘。很多人僅僅參加了一期講習課程，生產力和收入就增加了兩三倍。換句話說，你簡直負擔不起「不」持續投入終身學習所白白耗費的時間和生命，只要能從課程中得到一個重要的想法，往往就能省掉一年的辛苦工作。

也可以養成經常參觀各種商展的習慣，尤其是與你行業相關的展覽。多年來，我經常到許多一年一度的展覽會或聯合研討會演講，發現各行業最專業、收入最高的人，經常出現在展覽會上，他們總是在展覽會場各樓層到處走動，在重要演講或討論會中坐最前面幾排。如果你也想成為這種最卓越的人才，就必須跟他們做一樣的事。

生活中的每一種變化或進步，都會帶來一些新想法在你心中撞擊，並且在對的時機迸發出對的構想或見解，增加達成目標的可能性。只要有心且有意識地常置身於新資訊、新構想的火苗中，機運就會在你身邊。

想在資訊時代成為自己這個領域的精英，最重要的作法之一，就是常向高人請教，可以針對書籍、影音或課程內容請教那些傑出人士。一個曾有類似經驗的人給你的好建議，有時可以省下你好幾週或好幾個月的辛苦工作，甚至可以省下一大筆錢。

班傑明．富蘭克林（Benjamin Franklin）曾說，有兩種方法可以得到知識：一種是買，一種是借。用買的方式，必須付出全額的時間和金錢；用借的，就表示可以從別人那裡得到知識，而他已經為之付出了全部的學習代價。

你的目標是成為你的領域中最有知識的專家，然後就能成為你這個領域最有價值、收入最高的人，也會因此迅速穩定地升遷。如果別人再說你的成就只是幸運，你只要告訴他們：「沒錯，我學得越多，就越幸運！」

## 行動練習

1. 找出想在你的領域成功不可或缺的知識。你該怎麼做，才能增加自己這些方面的知識？
2. 定下明確的步驟，增加工作上的競爭優勢。哪些事情對提高生產力和獲利是最重要的？你在這些方面能做哪些改進？
3. 發展閱讀計畫，使你在自己的領域不僅能不落伍，還能超越同儕。排出每天固定閱讀的時間表，增進最新知識。
4. 研究一下能去上哪些課或參加哪些研討會，讓自己時時走在自己這個領域的前端，每年至少參加三到四個課程。
5. 上一堂速讀課，並加以練習，直到每分鐘能閱讀一千字以上。
6. 請教你的老闆或你的領域最有成就的人該讀哪些書或上哪些課。聽從他們的建議，然後尋求更多推薦的書和課程。
7. 把車子變成一間移動教室，聽一段學習相關節目，勝過浪費寶貴的時間，永遠不要停止學習。

原則 4

# ▼專精的奧妙

如果一個人做任何事或生產任何東西，都能做到更好、更快或更經濟，他的未來與財富就已在他掌中。

——美國石油大亨 約翰．蓋提（John Paul Getty）

當世界三大男高音演唱出精美的歌劇時，沒有人會把他們的成就歸功於幸運。當一個工匠製造出美麗的家具，每個細微處都精緻無比，也不會有人把他的成就貶為運氣好而已。無論什麼情況，只要看到有人做了件神乎其技的事情，自然會心生讚歎，知道任何出色的表現都需要數週、數月甚至數年的努力工作和詳細準備。

我的朋友奧格．曼迪諾（Og Mandino）寫的書銷量達數百萬，很多人說他的書很容易閱讀，但他曾經告訴我，他的書很好讀是因為很難寫。奧格說，他經常一個段落要重寫十五次，好讓讀者能夠流暢地閱讀。

我的另一個朋友尼杜·庫比恩（Nido Qubein）是美國頂尖勵志演說家之一，他告訴我，他經常會投入如同一百個小時那樣多的時間，來計畫、準備和排練一個小時的演講。

職場上也是同樣的道理。銷售人員仔細分析市場、確定前景，然後與客戶約定拜訪，準時到達，為他們的產品或服務做出色的介紹，離開的時候得到了訂單。

沒有人可以將他們的成就歸功於運氣。在任何情況下，他們都是表現出色、令人欽佩的範例。

## 先付出努力，才有好回報

在高度競爭的社會，往往要花好幾年追求卓越的表現，逐漸累積收穫向上提升。可惜很多人不願付出努力，與其把自己提升上去，寧可把別人拉下來；不追求進步，寧願尋找藉口。他們合理化自己不好的表現，為貧乏的工作成果找理由，把別人的成功歸功於運氣好，如此一來，自己的失敗自然可歸咎於運氣不好了。

有兩個關於成功的象徵經常在社會中不斷使用：運動和職場。在這兩個領域，我們讚頌和獎勵那些在競爭中取得卓越成就的人和團體。我們向在體育競賽中獲勝的人致敬和讚美，我們花錢購買覺得最好的產品和服務。無論哪種情況，都以品質和卓越做為衡量標準。市場一向只把最優渥的獎勵給表現最傑出的人，普通的獎勵給表現普通的人，而把低於平均水準的獎勵，以及失業、不安，推給表現低於一般標準的人。

如今有兩種不健全的心態盛行於美國及工業化的世界，分別是不勞而獲及走捷徑，任何一種都會破壞你的成就，兩種心態結合，則可能釀成致命的錯誤。

不勞而獲心態的人以為自己可以少投入多獲得，投入一美元就能回收兩美元，總是沒有付出充分代價卻期待意外的好運發生。他們想通過人生旋轉門，卻等著別人來推門。抱著這種心態的人，其實是想打破宇宙的基本定律，包括怎麼收穫怎麼栽、作用與反作用力定律以及因果定律。想打破這些定律，就像想打破地心引力一樣不可思議。

有一則故事是說，有個人從一棟三十層樓的建築物跳樓自殺，當他掉到十五樓時，有人探頭至窗外喊道：「情況還好嗎？」這個墜向地面的人回答：「到現在為止，都還好！」每個想少付出而多收穫的人其實都處於類似的狀況，也許他們短時間內看起來還不錯，可是很快就會跌落地面，慘痛得大夢初醒。

第二種不健全心態就是走捷徑。這種人不斷尋求快速、簡單的方法來實現目標，意圖找到需要數月或數年努力才能有效掌握的關鍵技能。他們很容易上迅速致富的當，投資於他們一無所知但承諾會快速回報的事，把多年的辛勤工作和存款，浪費在追逐快感又速成的成功大夢上。

## 把工作做好，而不只是做完

致力於為他人服務是一種生活方式，能帶給你比你想像更多的幸運。服務他人能使你專心提供他人有價值的事物，而這些人的滿意也決定了你的成就。**人生的收穫，通常與你服務他人的價值相等**。萬物總是平衡的，付出多少就會得到多少，想增加酬勞的質與量，就必須增進服務他人的質與量。

每天早上，可以問自己：「我今天能怎樣增進我對客戶服務的價值？」

你的客戶是誰？你的客戶就是仰賴你在工作上有所作為的人。客戶滿意度決定你報酬的多寡、升遷速度、名譽地位、經濟狀況以及工作生涯的發展。

每個人都有很多自己不知道的潛在客戶。首先，你的老闆就是你重要的客戶，你最重要的工作，就是做到他認為最重要的任務，讓他很高興。如果你是主管，你的部屬也是你的客戶，你的工作就是讓他們有傑出的工作表現並樂在工作。

銷售人員或創業者最重要的客戶大概是市場上使用其產品或服務的人。因此最大的成功和財富，都來自於提供這些人比別人好的服務，使他們樂意掏腰包買你的東西。

有句老生常談：「**你不會得到你想要的，只會得到你應得的。**」

你應該全力以赴去做工作上一切必要的努力，以確定你想得到的報酬和好處都是當之無愧的。妄想得到不該得的，終究難逃失敗挫折。另外也有許多人覺得自己不配得到成功和繁榮，但其實只要誠懇地為他人服務，就應該得到這些美好的事物，而這些都不是偶然。

哈佛大學的狄恩．布瑞格斯（Dean Briggs）曾寫道：「把工作做好，不只是做完而已，還要有奢侈的野心。因工作受苦是免不了的，但還是要把工作做好。最後，因為你的努力和受苦，終會帶給人生極大的快樂。」

管理學大師彼得．杜拉克也曾寫過，即使是在廚房開創事業，還是要有領先群倫的偉大目標，否則根本就不該開始。如果只是想快速賺點錢、掙點外快，就永遠不會有傑出的成就，最後很可能既花時間又賠掉金錢。

可是，如果你的目標是創造一個能提供卓越產品或服務的事業，而且做得比任何競爭對手都還要好，最後就會大獲成功。就算不打算建立大企業，長期而言，卓越的產品或服務仍然是事業成功的最大保障。

## 你可以達到別人到達的成就

想精通任何一個領域，都必須經年累月在自己身上和工作下苦功，所以必須事先下定決心，無論多少時間都願意投資，而且會堅持到底，任何有價值的事物，都必須花很長的時間才能完成。

我曾經和一個德國移民合住一間公寓，他是個廚師。他說他必須在日內瓦的瑞士廚藝學校修習七年才能成為廚師。他從削蔬果皮開始學起，第一年都在學這個，直到完全了解蔬菜水果的新鮮度、香氣和性質且敏銳度極高為止。第二年他晉級到學做沙拉和菜餚中的蔬果配料。其後每一年的訓練，他都花了幾百小時研究每種香料、醬汁、成分和食譜。到第七年結束時，經過嚴格測驗，終於拿到幾乎可說是全世界最受尊敬的烹飪等級。

接下來，他在歐洲一家頂級飯店跟著一名大廚實習，五年後正式出師，受到歐美各地爭相禮聘。事實上，全世界最好的飯店和餐廳都以能聘請到瑞士廚藝學校畢業的廚師為號召，以招攬顧客。這些廚師都受到高薪禮聘，退休後財力也都非常優裕。

在他們成為有創意、能創新的廚師之前，必須掌握烹調的每個環節，學習料理的每個階段，因為這些都是世界上最好的廚師多年來學習與傳承下來的。在他們達到高超的廚藝之前，他們並沒有創造或改變所學到的食譜。

現今很多職場人士都認為自己可以一步登天。他們急功近利，不耐煩學習基本技術，也不了解長期的成功其實都是一件事做到絕對出色的結果。

看看自己對同領域裡出類拔萃的人的態度，就知道有沒有入對行了。真正的成功人士都會欽佩和尊重同領域表現傑出的人，因為人們通常會往自己最敬佩的方向前進，以頂尖人物為榜樣，在成長進步的過程中，就會對照自己與他們的成就。

很多人其實並不特別在乎能不能在這個領域表現傑出。他們安於現狀，並不真的認為也不特別在意自己有能力獲勝，反而比較關心工作保障更勝於工作成就。更糟的是，平庸者常常會批評貶低同領域的成功人士，在背後抱怨他們或對他們的缺點指指點點。平庸者會聯合其他表現平庸的人說業界領袖的八卦，散播蜚短流長，這些行為絕對是成功的致命傷。愛批評傑出者的人，絕對不會成為傑出人士。

## 決心做好贏的準備

自然的運作機能不可能使人強烈嚮往一個目標，卻沒有能力達成，只要夠認真、努力夠久，無論想成為怎樣的人，都辦得到。

有些人天賦異稟，學起一技之長又快又容易，有些則事倍功半。學習時間較長的人只需要多練習，長期而言，唯一能限制你在這領域有傑出表現的，就只是能否全心投入而已。無論學什麼技能，只要反覆練習，最終會變成熟悉的新習慣或新技能，這只是時間問題。

阿拉巴馬大學優秀的足球教練比爾・布蘭特（Bear Bryant）曾說：「**成功不是因為有贏的決心。決心人人都有。偉大的成功是因為決心做好贏的充分準備。**」

想衡量自己能飛多高、走多遠，唯一的答案就在這個問題裡：「你究竟多想做成這件事？」如果真的強烈想達到某種技術水準，而且願意花足夠的時間努力，就沒有任何東西阻擋得了。

每個大成就都是由千百個不為人知的不起眼小成就累積而成的，也可能是經歷無數時間默默的痛苦努力、準備、研究和練習才完成的。為了追求卓越所花的時間越長，最後收穫就越大。

詩人朗費羅（Longfellow）曾寫道：「偉大人物贏得和保持的高度成就，並不是一夕完成的，而是當同伴都進入夢鄉後，仍獨自挑燈夜戰，辛苦成就的。」

有個6P規則是這樣的：適當的事前準備可預防差勁的表現（Proper Prior Preparation Prevents Poor Performance）。是否有充分準備的決心，決定你能有多好的表現、多高遠的成就，以及能有多少收穫。如何衡量自己為成功所做的準備是否充足？很簡單，你外在世界的成就，反映了你內在世界的準備。只要不滿意外在世界的成果收穫，就必須反求諸己。一旦確定主要目標，必須問自己：「為了達成這個目標，我絕對必須具備什麼卓越的能力？」

為了達成你設定的目標，不僅需要目標清單，還需要擬一份技能清單，逐一列出所需技能。天下沒有白花的力氣，只要付出心血，自然會有收穫。

## 釐清你的關鍵結果領域（KRA）

在職場和個人的成功最重要的概念之一就是「關鍵結果領域」（Key Result Areas，KRA），意思是你受雇要負全責完成的特定工作成果。無論你做什麼工作或處在什麼職位，你在KRA的表現決定了你的薪資、升遷和前途。弄清楚自己的KRA包括哪些工作範圍，並且依照優先順序整理排列出來，對於培養專業技能是非常重要的步驟。真正幸運的人都擅長做好至關重要的關鍵任務，使整體組織的工作能因此而表現傑出。

關鍵結果領域（ＫＲＡ）是一種工作的產出（output），之後會變成別人的產入（input），是整體組織運作的一部分。比方說，如果銷售部門的ＫＲＡ是拿到訂單完成銷售，一旦完成工作，銷售合約就會變成訂單部門、會計部門、生產部門、行銷部門，以及配送部門的產入。換句話說，完成ＫＲＡ，就會影響其他人的工作和業績。

你必須先弄清楚了解組織期待你貢獻的最重要成果，才能確定自己必須擅長哪些專業領域，讓你有傑出的專業表現和績效。

確定ＫＲＡ的方式是自問：「我獲得高報酬和獎勵是因為我完成什麼具體的成果？」「我現在做的所有工作當中，哪些事情對組織的貢獻最重要？」

確定ＫＲＡ之後，依其重要性列出工作項目，就有個可依循的生涯軌道了。你必須非常努力讓自己在這幾項工作上表現傑出，因為這正是別人評估你的依據。

職場上的成就主要來自ＫＲＡ的傑出表現，而你所有的工作問題，也都是因為在這些工作項目中，有一個或多個表現不夠好的緣故。

一般來說，每個工作都可以找出五到七個ＫＲＡ。

例如，如果你在銷售部門，就可以找出七個KRA：開發潛在客戶、建立關係和信任、找出客戶的需求和問題、提出解決方案、客戶有異議時如何回答、生意成交，以及設法再售老客戶或轉介新客戶。銷售能否成功，就看能否持續做好這七項工作。

如果你做的是管理工作，也有七項KRA：計畫、組織、用人、授權、監督、評估成果，以及提出報告。想有傑出的整體表現，必須做好這些個別領域。任何一個領域表現不好，都可能傷害甚至威脅你的工作前途。

如果你想成為好父母，KRA可能就會是：溝通、關心、考慮、禮貌和恭維。在某些工作或你正努力的領域中，可能存在或多或少的關鍵結果領域，決定了組織或你所扮演的角色的成敗。

## 讓弱點變強，你就會變強

思考能力是人們最強大的能力。將了不起的心智能力運用在工作上，便能獲得攸關前途的重要成果。大多數人總是順其自然甘於平淡，很少思考自己的作為。愛迪生曾經寫道：「一般人總是想盡辦法，逃避辛苦的思考。」

為了在你的領域出類拔萃，必須不斷分析評估自己的表現，想辦法讓自己更好。你必須剖析並精通每項技能的每個環節，以便更加精進自己的能力。換句話說，你必須持續且無止境地求進步。

有一個了不起的發現是，**在所有重要工作技能中，最弱的那一項，決定了其他技能所能發揮的最大幅度，也決定了你的收入、升遷速度及工作前途。**

例如，如果每項銷售技能都非常傑出，只有開發客戶這一項例外，這個弱點就決定了你收入的上限。如果你每項銷售技能都很強，除了不擅長成交，這個弱點也會決定你的業績和賺錢多寡。如果你是個每項工作能力都很強的主管，只是不擅長授權，那麼單單這個弱點，就會阻礙你，使你無法升遷。

對你而言，最困難的事情之一，可能就是坦承自己有些能力欠佳尚待改進，這些最弱的部分，通常也是你最不喜歡做的部分，因為不喜歡，就盡可能不去碰，結果這些部分變得越來越弱。用不了多久，就會開始想盡辦法合理化自己表現不好的地方，甚至會抱怨市場、抱怨產品和服務、抱怨公司管理、廣告和競爭，但就是不提自己技能上出現的問題。

想在工作中平步青雲、扶搖直上，可以問自己：「能培養哪種技能且一直表現傑出，會對工作有最正面的影響？」如果不知道答案，可以問身邊的人。身邊的人能看到你的外在表現，而你必須得到這些工作上的回饋，否則很難越做越好。

如果你是銷售人員，詢問你的主管你最弱的技能，可以讓你的主管或其他人觀察你的銷售方式，然後請教他們是否有建議可以幫助你提高效能。無論他們說什麼，有機會就照他們說的試試看。有時候，工作方式一個小小的改變，就能帶來巨大的成果改善。

如果你是主管，問問你的老闆甚至部屬，能不能看出如果你在哪些事情若採取不同的做法，可能會事半功倍。無論對方怎麼說，都要敞開心胸、接納建言，克制想辯解或找藉口的衝動，相反的，還可以請他們多舉幾個例子。

每個人看自己都不可能像別人看你那麼清楚。多數人都有盲點，很難察覺自己的弱點。但有時候，當別人指出自己的弱點時，又會跟對方爭辯，找藉口自我防衛。想成為你的領域的頂尖人物，必須請別人提供一些建設性的回饋，才能不斷改善自己的作法。**不要讓虛榮和脆弱的自尊阻擋你攀上顛峰的學習之路**。

提供一個練習方法給你：寫下你覺得別人之所以要雇用你來完成的每一項工作，並將此清單拿給上司，請他幫你把這些工作項目按優先順序排列，此後將此工作清單當作你個人的執行計畫，並且常常與主管討論、更新這個工作項目清單。

## 微小而漸進的改變

日本人為了改革戰後毀損的經濟，在一九五〇和一九六〇年代，推動所謂的「改善法」（Kaizen Principle）。Kaizen 是日語「持續改進」之意，在每個人視線範圍內，總能找到一些小方法改善績效和成果。他們鼓勵每個層級的每位員工，每天都找出一些小事情加以改善，一段時間後，這種不斷改善所累積的效果，終會造就卓越的效率和品質。

漸進式改善的原則讓你一步步改變而不是飛躍。在任何領域取得卓越成就然後精通，都是一段漫長而艱鉅的過程。可能**每一次進步的幅度都是微小的、漸進的，但加在一起時，最終就可以讓你在工作中取得非凡表現**。

這種漸進式改善法則也可以運用在個人的工作上，步步為營的改善，比大躍進來得好。無論哪一行，每一個改善的步伐也許很小，但加總起來，最終就能有傑出表現。

以前的我總是很自卑、缺乏信心，從來沒想過我可以擅長任何事。當我看到有專長的人時就很佩服他們。我覺得他們比我更好、更聰明，擁有我沒有的智慧、技術和能力。我從來沒有意識到我可以跟他們一樣。

可是有一天我想通了，我忽然了解每個人都有能力精通一些事情。**卓越成就是旅程，而**

**不是目的地**。人們不會一夕間就從平庸變成卓越，任何人都可以藉這長期緩慢的過程，憑著努力有志竟成。想在工作上有傑出的成就，主要是靠工作態度和決心，而不是天生的才氣和能力。

這個領悟是我對自己的態度和我整個職業生涯改變的關鍵點。我意識到，每個領域裡攀上顛峰的人，都曾處在最低谷，再一步一步往上爬。過去的來歷並不重要，重要的是未來的方向。你可以學習任何你需要學習的事，來實現你為自己設定的目標，只要你可以做出必要的努力，你可以在任何你真正喜歡的事情上表現出色。唯一能限制你的前途的，就是自己負面的想像。

一九一〇年時，瑞士醫生愛彌兒．科威（Email Coue）完成了一項了不起的醫療成就。他教導他在日內瓦診所的病人重複對自己說：「我每天在各方面都越來越進步。」不斷重複這句話，為罹患各種疾病的人帶來驚人的進步，許多醫生和研究者紛紛從世界各地湧來，研究這個被稱為身心醫學（psychosomatic medicine）的驚人成果。

你也可以每天想辦法讓自己變得更好，改善自己某方面的工作成效。若能每天找出一個方法，使你在工作上有更快、更好、更省錢的表現，一年就會有三六五個方法。就算都是些微不足道的小技巧，但每天的一小步，整年累積下來也是提升生產力和績效的一大步。

## 下定決心，做自豪的事

高收入者皆是因為生產力高，績效比一般人更好。你須先變成應該得到更多報酬和財富的人，才會賺到更多報酬和財富。

多年來，我跟很多人才顧問一起工作，很多公司會不斷打電話來請他們幫忙徵求重要職位的人才。於是人才顧問會從各行業的最佳人才檔案中鎖定人選，同時向客戶打探，再設法提出更高的薪水，把這些人才挖到別家公司去。各領域的傑出人才都會不斷被人挖角。就好像他們周圍有一個磁場，總會吸引很多工作機會到他們的生活來。

每年賺兩萬五千美金的人，和每年賺二十五萬美金的人之間的差別，並不是他們的能力、技術、才智或工作時間差了十倍，而是關鍵結果領域（KRA）的表現有些微但持續的差異，最才會造成兩者收入天差地別。

迅速、堅定做決定，將改變你的人生。所有人都想坐擁高薪、功成名就，但是卻從未下定決心要做個高收入者，只會徒嘆自己的人生不順遂，除非你決定有所改變，否則事情永遠不會有什麼不同。

多年來我曾與數千位成功人士談話過，對每個人來說，人生最大的轉捩點幾乎都是當他們作了清楚的決定的時候，決定無論必須付出什麼代價，都要成為自己這個領域的頂尖人物。一旦做出了這個決定，便開始吸引各種想法和機會進入生活，每一次的進步，都會有更多機會使用新技能。

影響你眼前和未來發展的重要因素，就是愛的力量。人生中所做的每件事，不是為了得到愛，就是為了彌補缺乏的愛。只有在全心投入愛做的事情時，才會真正成功和快樂。

世上最成功最快樂的人，就是那些真正投入他們喜歡做的事情，覺得那些事情對世界真的非常重要，所以想把事情做得盡善盡美的人。唯有覺得自己在做對世人有益的事情時，才會有真正的快樂和成功。這種外在目標，也就是希望對他人的工作或生活有所貢獻，幾乎是社會中所有表現優異、高收入、受人尊敬、有價值的人共同的特質。

你想做出什麼改變？做什麼事讓你自豪？你過去的哪些成就讓你覺得自己很重要？你的人生永遠在試圖朝向最吸引你注意力的方向移動。想找出自己該從事哪個領域工作的方法之一，是檢視過去的經歷，什麼事情你覺得做起來很容易但對其他人來說很難？你喜歡學校的哪個科目或活動？

再來看看你目前的工作，你最喜歡你工作的哪個部分？在哪個領域對公司貢獻最大？如果你只能從早到晚完成一件事，你會選擇做什麼？

## 確定目標，開始計畫

由於今日各行各業變化飛快，換工作或轉行已成家常便飯。現有的知識和技能最後總會過時，為了跟上社會腳步、維持生活品質，必須不斷培養新的知識和技能。

首先試問自己：「我下個工作會是什麼工作？」根據周遭變化，以及目前工作中難以預料的新需求，未來的趨勢如何？一年內會做什麼樣的工作？五年內呢？接下來再問自己：「我下個事業會是什麼？」因為你處於不斷變化的狀態中，如果想在未來幾年成功快樂，是否必須換跑道，轉入一個完全不同的新行業？哪些新行業會吸引你？如果任你挑選一個新行業，你會選哪一個？最後還要問自己最重要的問題：「我必須絕對精通哪種技能，未來才能有高品質的生活？」

**不計畫未來的人就不會有未來**。預測未來的最好方法，就是幫自己創造一個未來。你應該想清楚自己真正愛做什麼，才能發展出一些計畫，精通自己所愛的職業，將來才可能有高水準收入。如果你不為自己做這件事，也沒有人會為你做的。

有些人一想到要花好幾個月甚至好幾年，才能把自己這個領域學得很精，心就涼了半截，甚至還沒開始就放棄了。但事實上，你可能一開始需要多用點時間提升自己某項薄弱技能的能力，但此後你就可以持續使用這項技能，或將這項技能與其他能力結合。

一旦挑起創造自己未來的責任時，就會接受自古以來的一句老話：「**只有當自己越來越好時，人生才會越來越好**。」這是個簡單卻無法逃避的道理。人生無論在哪方面，唯有當內在條件改善了，外在情況才會改善。想要員工變好，自己必須先變成好主管；想要孩子變好，自己必須先變成好父母。只要能**先在自己身上下工夫**，勤於從內在改善自己，就能改善外在世界。

確定自己最需要精通的重要技能後，寫下來當作目標，擬出達成目標的計畫，列出時間表，然後著手去做。接下來，無論要花多長時間，不斷去做就對了。對自己要有耐性，羅馬不是一天造成的，重要技能總需要花點時間才學得會，只要有毅力，按部就班去做，總有一天會成為你的領域最能幹、最高薪的人。

## 行動練習

1. 找出你的領域成功的重要技能，選出對你最有幫助的，然後做一個使自己精通這項技能的計畫。
2. 每天專心去做你能提供公司和老闆最有價值的服務。
3. 列出你行業內和行業外的重要客戶，做個計畫，使自己更有價值。
4. 下定決心躋身你這行前一〇％的卓越人才之列，然後做個計畫，使你的KRA有傑出表現。
5. 展望未來，找出必須專精的技能，使自己在未來五年能走到這行的前端。
6. 反省自己，檢討過去的經驗，問自己真正喜歡做什麼工作？怎樣才能結合自己的職業與喜好？
7. 請你的老闆明確指示怎樣提高你的價值，對公司貢獻更多，並且立刻付諸行動。

原則 5

# ▼態度決定一切

我這一代最偉大的革命，就是發現只要改變態度，就能改變境遇。

——美國心理學家、哲學家 威廉．詹姆士（William James）

一般人常會認為晉升得比別人快的人是運氣好。也許擁有好運的其中一項要素，跟你的個人特質有關，而這會影響你的人際關係。

受人喜歡是個重要的幸運要素。人們越喜歡你，就越願意受你影響，也越能幫你達成目標。有句話說：「不是你的才能，而是你的態度決定你的高度。」當你成為一個積極樂觀的人時，人們自然會為你打開機會之門。

人總是情緒化地做決定，還自認很理智。尤其是跟他人互動時，幾乎被自己的感覺控制。在理智與情感的較量中，從來都是情感獲勝。

想不斷遇到幸運和愉快的事，就該培養散發溫暖和自信的人格特質，使你到處受人歡迎。而真正的人格總是透過對他人的態度表現出來的。態度會決定你面對任何人、任何處境時的情感狀態，這是別人接觸你時會立刻感受到的。

態度會從你的臉部表情、聲調和肢體語言散發出來，與人互動時，會立刻被人看到或感覺到，而周遭受你態度影響的人，幾乎馬上會有反應。如果你對人的態度是正面、愉快的，別人對你的反應也會是正面、愉快的。

## 重視團隊精神

工作時與人打成一片，彼此互相合作、重視團隊精神，是受人尊敬的員工的最大特質。組織內員工被調職的首要原因，通常都是因為欠缺與人相處的能力。即使在不景氣的時候，也是態度消極的人最先遭到裁員。如果非裁員不可，態度正向、跟每個人都處得很好的人，通常都是最後離開的，就算遭到裁員，也是最快被原雇主或其他公司再度雇用的人。

讓跟你一起工作的人都喜歡你，才會得到比較多機會和穩定的升遷，不但薪水會比較高，組織也會授與你更重要的責任。由於你積極的心態，使你周遭的人，無論是上司、屬下或同事，都會希望你成功，並且盡一切可能幫助你。

態度積極的人幾年內能獲得的升遷，可能超過態度消極的人十年或二十年的成果。畢竟人都喜歡向愉悅的人買東西、跟愉悅的人一起工作，因為跟這種人在一起感覺比較好，相對的也比較容易控制自己的言行舉止。

## 鍛鍊出你的自信與自尊

自尊與自信是人格的關鍵。對自己真正的感覺最能決定你對別人會產生什麼影響。自尊與自信決定於你有多喜歡自己，越喜歡並尊重自己，就越喜歡並尊重別人，別人也會越喜歡並尊重你。這又再度說明了外在世界會是內在世界的一面鏡子，外在世界的人際關係同樣也是內在世界價值觀的一面鏡子。

心理健康和身體健康一樣都需要定期訓練。就像你透過鍛鍊讓身體變得健康一樣，你也可以鍛鍊你的思想，讓心靈變得健康。你可以用某些方法練出「精神肌肉」，提高自尊與自信，也可以每天用健康的精神食糧餵養心靈，使自己無論面對什麼挫折，都能愉快、積極又振作。

以下是心理健康的鍛鍊重點：

- **負責**：為了消除憤怒、責備、嫉妒、怨恨和自憐等負面情緒，你要有意識地決定對你的生活、你的一切以及你未來的一切負起全部責任。你不找藉口或責怪任何人，因為你做出了選擇和決定，那麼只有你自己可以負責。
- **主動**：要主動而不是被動掌握自己的生活，主動讓事情發生，而不是等待和希望這些事情發生，如果你對生活的某些部分不滿意，那麼就做些什麼為此而忙碌，但不讓負面情緒干擾或模糊你的視野。
- **設定目標**：在生活每個重要領域為自己設定清晰的書面目標，並訂下行動計畫來實現。你每天都在為你的主要目標而努力，保持前進的動力和進步的感覺，這會帶給你能量和熱情。你讓自己忙於處理對你來說很重要的事，讓你沒時間去擔心無法控制的小煩惱或情況。

負擔起全部責任，加上設定目標清晰的計畫，這個組合讓你建立起你渴望達成的高度，給你足夠的力量，讓你能夠創造自己的未來。

- **學習：**知識和技能是財務自由的關鍵。學越多，賺越多。你對自己的領域了解得越多，就越有機會使用你不斷增長的知識。你每天都在努力變得更好。
- **個人優勢：**你認識到在你的領域中，個人優勢對於成功、成就和機運是絕對必要的，卓越的表現打開了每一扇門，是你獲得真正價值的關鍵。
- **計畫：**你有一個個人發展計畫，包含閱讀、聽節目、參加課程和研討會，並利用一切機會增加你的知識和技能。你越是努力掌握實現目標所需的關鍵技能，便越有自信和能力。
- **思考：**或許也是最重要的，你知道你大部分時間都在思考，因此你要訓練自己不斷思考你想要的東西，而不去想那些你不想要的。

## 給潛意識新的運作指令

這裡有一系列實用且經過認證的心智訓練技巧，能讓你成為更正面、更有力的人。

首先，藉著正面思考重整潛意識，保持正面振奮的心情。**九五%的情緒狀態都是自我對話決定的，也就是時時刻刻在心底對自己說話的方式**。所以，藉著控制並主導內心的對話，就可以掌控自己的思想、感受、行為，最終掌控自己的未來。

賓州大學的馬丁・席利格曼（Martin Seligman）博士將此技巧稱之為「詮釋模式」（Explanatory Style）。對自己說話和詮釋事情的方式，決定了你對周遭發生事情的大部分感覺。換句話說，**你遇到事情時的反應是正面還是負面，並不是在於究竟發生了什麼事，而在你如何詮釋**。

如果你沒有刻意用思考、談論自己想要的事，自然就會開始去想那些不希望發生的情況，那些讓人沮喪或生氣的人或事。如果不讓念頭專注在自己想要的方向上，一不小心就會陷入負面情緒，開始煩惱多數人常見的消極和擔憂中。

當你不斷重複強烈的、肯定的敘述，將不可避免地被你的潛意識接受這個命令。無論你給潛意識什麼指令或目標，都會開始在你周遭的世界具體實現。新目標會啟動你大腦中的網狀活化系統（Reticular Activating System, RAS），使你對能幫助你的人、想法、機會變得敏感而警覺，就像為自己的潛能裝上加速器，迅速朝目標邁進。

你可以用正面的自我對話和自我指示，控制自己的思想，專注於達成目標，使潛能無限發展，也可以用言語明確要求自己成為理想中的人。**世界上最有力量的言語，就是你對自己說的話，以及你的信念**。

正面思考中最能增強自尊自信的語言，就是不斷對自己說：「我喜歡自己！我喜歡自

己！我喜歡自己！」第一次對自己這麼說的時候，也許會覺得彆扭，覺得有點虛假，這是很正常的現象。心理學家稱這種感覺為「認知失調」（cognitive dissonance），告訴自己一個新的正面訊息，因為它衝擊到過去儲存在潛意識裡的舊有負面訊息，所以會令你感到不舒服。

可是如果一再重複這個正面訊息：「我喜歡自己！」潛意識最後就會接受這個訊息，把它當作新的運作指令，於是，你會開始像個非常有自信的人那樣感覺、思考和行動。越喜歡自己，就會越喜歡別人，於是就變成一個更正面的人。而越喜歡別人，別人也會越喜歡你，並且願意與你合作，這又會增強你的自信，開始另一個良性循環。

另一個很有用的正面思考是：「我是最棒的！我是最棒的！我是最棒的！」你可以在心裡一再重複這句話，告訴自己你的工作能力很強，而你的實際表現也會一天天進步。

還有一個正面思考的句子，就是每天一早起床就對自己說：「我覺得很快樂！我覺得很健康！我覺得好極了！」

談到自己或自己的生活時，總是用你希望的方向去談，不要因一時可能發生的情況而想到別的方向去。在真正實現目標前，必須說服潛意識你已經做到了，即使一時之間沒辦法覺得很正面，也要假裝有這種感覺。

潛意識機械化地控制了你的態度、人格、身體語言、情緒、熱情、興奮和活力，就像電腦一樣，它沒有能力自己思考或做決定，只能接受指令。意識就像園丁，潛意識則是花園，如果不種花，花園自然就會長滿野草。

## 正面思考取代負面思考

「替代法則」（Law of Substitution）是說，意識裡同一時間內只能存在一種想法，可能是正面的也可能是負面的，任何時候，你都可以決定用一種正面想法取代負面想法。你的思考、感受、行為或反應，都是你選擇後的結果。不論感受到的是快樂或不快樂、興奮或憤怒、熱血或沮喪，都是你自己決定要這樣感受的，抉擇的關鍵都在於自己。

伊斯蘭禁慾大師伊斯拉可汗（Ihzrat Khan）曾寫道：「人生是持續不斷的煩惱。」一不小心，這些煩惱就會充滿你的思想、占據你的心神，整個人就會變得越負面。你可以改變這種負面思考的自然天性，轉而思考你的目標，讓你的注意力遠離一切負面想法。

無論有什麼煩惱，訓練自己不去想，只想解決之道。不要在腦海裡反覆思索煩惱，一直想是誰的錯、當初應該怎麼做、要是那時候怎麼做就好了。相反的，**要想下一步怎麼做**，如此一來就會變得態度正面而有建設性，又恢復了自我控制。幾乎所有的負面心態，都是因為不斷回憶或再處理一段過去的事件所致。正面心態則來自於思考一些目標，以及現在就能著手進行的具體事情，使目標早日達成。

也可以運用替代法則，強迫自己**只想未來而不想過去，多想想未來的方向**，不要怨嘆無法挽回的事情。煩惱唯一的解藥，就是不斷採取行動。把未來目標想像成眼前真實的景象，或把自己想像成真正想變成的樣子，對於追求成功、快樂和成就，有很大的幫助。

**人生的進步，都從腦海中的改變開始**。當你與成功、快樂的人交談時，問他們在想什麼，你會發現他們大部分時間都在思考他們想做和擁有的事情，他們談論可以採取哪些具體行動來達成目標，沉浸在生動、令人興奮的畫面中，描繪他們夢想成真的樣子。

學習任何技能重要的是，想像自己運用這些技能時的情景。培養自信的重要條件，就是不斷想像自己在各方面都能自信滿滿。

## 為目標注入理想圖像

腦海中的景象，就是一種圖像思考。潛意識會把這些圖像當指令接收下來，然後開始運作、實現，其實，這對你有利有弊，會把你想要或不想要的東西都帶給你。

大多數人的問題是，早上會想要賺多少錢，可是一到下午就開始煩惱缺多少錢，晚上回家又開始擔心帳單。我們不斷傳達腦袋裡相互抵觸的訊息，就像在每個路口給計程車司機不同的指示一樣，結果才剛前進一小步，就又後退一大步。

為了強化正面的想像力，可以買有圖片的雜誌，多看看自己夢寐以求的房子、車子、服飾、設備、度假地和家具等。剪下圖片，貼滿你的房間或辦公室，不斷思考並想像這些東西。我和太太剛開始談到我們的理想家時，只要看到有美麗家園圖片的雜誌就會買回家。有個週末，我們開車到附近高級住宅區，參觀一些待售的美宅，於是列了一張清單，寫下我們理想家園的四十二種特徵。不到三年，我就從出租公寓搬到獨棟的房子，最後終於又買了一棟對我們來說非常完美的房子，且完全符合當初清單列的四十二項條件。

你也可以在正面思考或圖像思考裡注入感情。這個成功方程式如下：

### 思想 X 感情＝現實

追求目標時，如果能對各種想法或願景注入渴望與興奮的感情，潛意識就會驅使你趕緊採取行動，克服阻礙你前進的障礙，也能使你越快達成目標。

## 想法產生行動，行動產生想法

「可逆性定律」（Law of Reversibility）包含一種創造自己的人生的力量。這是幾千年前人們就知道的定律，是所有信仰的基礎。哈佛大學的心理學家威廉．詹姆士（William James）在一九〇五年再度發現這個原理：「正如感覺會產生與其一致的行為一樣，行為也產生與其相應的感覺。」

意思就是，你可以用行動創造你想感受的感情，也可以用行動重整潛意識，表現得像是已經擁有某種渴望的特質或個性似的，然後潛意識就會產生與你言行一致的情感和活力。

比方說，本來你早上起床時心情不太好，所以不太想拜訪新客戶，可是如果你故意裝出正面的態度和自信的樣子，不到幾分鐘，裝出來的感覺就會像真的一樣。你的行為真的會激發出相符的感情和情緒。

美式足球賽場上，落後的球隊在場邊得到教練激勵人心的談話之後，球員開始衝上球場，好像他們可以征服世界一樣，很多時候這種自信和熱情的新態度就能扭轉局面，帶領他們走向勝利。

你也可以積極地與自己交談，就像是自己的啦啦隊長一樣。你可以表現得好像你正在扮演一個開朗、討人喜歡的角色，不論走路、說話或行動，就像你已經是那個人一樣。對待你遇到的每個人，就好像你剛剛贏得了最優秀的獎項。假裝了幾分鐘後，你會驚訝地發現自己感覺更好了。

## 讓對方覺得他很重要

人際關係裡最重要的成功因素就是同理心，這意味著努力去感受對方的感受。就像心理大師史蒂芬．柯維（Steven Covey）說的：「**先了解別人，才會被人了解。**」

克服害羞和缺乏安全感的最快方法，就是詢問別人有什麼問題，然後設法了解他們真正的感覺和在意的事情。仔細傾聽他人說話，然後問問題，確定自己真的了解對方。重複他們的話，確定自己真的了解他們。因為每個人向別人傾訴時，最想知道的一定都是：「你關心我嗎？」而傾聽便表現出你的關心。

大多數人的注意力都過於專注在自己身上，很少去關心別人。當你反其道而行，藉著了解別人關心的事物、問問題、傾聽、表達同理心，對方就會喜歡你，對你敞開內心大門，願意與你合作。

同理心的延伸就是「情感互惠」，意思是，如果你所說所做讓別人因此對他們自己的感覺很好，他們就會想讓你也感覺很好。

每個人最需要的，就是覺得自己很重要，感到自己被重視、被欣賞。你的責任就是在各種人際互動中提供人們這種感覺。就像你希望人們喜歡你、尊重你、善待你一樣，你遇到的每個人也是希望如此。**全世界最喜歡你的人，也同樣是你讓他覺得他自己是最好的人**。

跟人相處時，一定要做個態度正面的人，絕不批評、責罵或抱怨。如果想不出有什麼好聽的話可說，就什麼都別說。就算你有某方面的問題，也寧可先要求對方幫助，而不是妄下批評。

## 打理你的形象

外表能幫助你也能傷害你。人是視覺的動物，你永遠沒有第二次機會給別人良好的第一印象。研究顯示，**人們在第一眼見到你的四秒鐘內，就決定了對你的印象**。從此之後，這個觀察者會不斷搜尋關於你的新資訊，以印證他的第一印象，並且總是會選擇性的接收訊息，而忽略或排斥與他們所信不合的因素或證據。

成功人士總是打扮得體，不會冒險給人不好的第一印象。成功人士可以在一個擁擠的房間裡認出同階層的成功人士，正所謂物以類聚，在跟自己相像的人打交道時感覺最舒服。所以如果你希望重要人士跟你來往時感覺很舒服，穿著舉止就必須都像他們一樣。如果希望別人重視你，就必須使自己看起來值得別人重視。

商場上最適合男士的是深藍色、深灰色，有時候棕灰色也不錯，這些顏色對女士也很適用，此外，有時也可以穿森林綠的顏色。男士應該穿白色或淺色襯衫，打絲質領帶，謹慎搭配外套的顏色。女士穿戴的配件則應搭配衣服的設計和主色調。無論男女都應該穿高品質的鞋子，而且要適度擦亮、保持乾淨。每個社會階層、每種職業的男女，都有某種同儕可接受的打扮方式。

有個在鳳凰城工作的年輕人，有很好的學歷、穿著有品味、個性開朗，也很有活力。雖然工作一直很積極努力，可是業績始終不理想，老闆因此有點想讓他離開。

這個年輕人留了一臉落腮鬍，自己覺得這樣很迷人、很有個性。可是成千上萬名客戶在接受訪談時都表示，男士留鬍子，尤其是落腮鬍，別人會覺得他是怪胎。更糟的是，因為落腮鬍會遮住半個臉，所以不自覺中會被視為一種面具，表示這個人想有所隱藏。

這個年輕人回家後立刻刮掉鬍子，第二天就做成了三萬美元的生意，於是他的職業生涯開始起飛，業績持續成長，兩個月之內，就竄升為公司的最佳業務員。

外在形象非常重要的原因之一是，當你在工作或私人場合看起來非常出色時，感覺也會變得特別好，因為你內心會感受到驕傲、自尊和自信，會更喜歡和尊重自己，也因此更喜歡和尊重別人，並用更自信、有禮、優雅的態度接近他人。換句話說，如果你穿得像是個成功人士，你的想法、感受和行為也會像成功者。

當你擁有出色的工作能力，結合良好的性格和態度，就會激勵周圍的人幫助你前進。你對別人好，對方也會對你好。你越是積極向上，就會有越多人願意與你交流。與人相處的合作和互動越好，對方也會越希望你成功，機會大門便也因此而開。

## 行動練習

1. 今天就下定決心，無論在任何情況下，都要培養並保持正面的心態。
2. 不斷想像你是個態度正面、有自信、開朗的人，你很受人歡迎，大家都喜歡你。
3. 隨時對你的工作夥伴表示讚美、鼓勵和感激，讓對方覺得他很重要。
4. 表現出好像已經是公司裡人緣最好、說話最有力、最有影響力的人，一直假裝到你真的成為那種人為止。
5. 穿得像個前途無量的成功人士，因為人是非常視覺的動物，別人會用你的外在判斷你。
6. 徹底做個解決問題導向的人。無論遇到什麼麻煩，馬上用解決問題的角度面對，不要只想到該責怪誰。
7. 做個團隊合作者，永遠要找機會幫你的工作夥伴做出很棒的貢獻。

原則6

# ▼人際關係活絡

一個好人一生最美好的部分，就是他默默去做無人記得的小小愛心善行。

——英國詩人 威廉．華茲渥斯（William Wordsworth）

在上一章你學會成為更積極樂觀、討人喜歡的人，本章將有系統地告訴你如何擴展人際關係網絡，這個策略將幫你盡可能在對的時間、對的機會，因為對的訊息，而遇到對的人。人際關係非常重要，越多人用正面的心態認識你、想到你，就有越多機會成目標。

生活中的每一個重要變化都會與其他人有所關聯，如果想實現宏大目標，便需要許多人的參與。你的生活方向往往會因為一個人的簡單評論、建議或單一動作而改變，擁有的良好關係越多，認識樂於助人的人越多，正確的大門便越會對你敞開。

我有個做生意的朋友，市場競爭十分激烈，需要錢擴充事業，於是打電話給當地一些銀行說明營業計畫，可是一一被銀行拒絕了，並且認為他的事業不可能成功。不過，他是個樂觀的人。他以公司地址為圓心，畫了幾個範圍更大的圓圈，開始打電話給距離較遠的銀行。終於，他找到了九十五英里之外的一家銀行，他們喜歡他的經營計畫，於是借錢給他擴充業務。現在，他已經是美國最富有、最成功的企業家了。

我問他當時有沒想過放棄，他說：「當然沒有！我知道只要我跟夠多人談過，最後一定會借到錢。為了找對人、找對銀行，在必要的時候，就算要到離公司五百里以外的地區拜訪銀行，我也會去！」

## 多結交朋友

還記得前面提到的機率定律嗎？嘗試越多種不同的路，越可能在對的時間找到對的路。這個道理也能用在人際關係上。也就是**認識的人越多，並不斷拓展人脈圈子，就越有可能在對的時機，遇到對的人，正好能提供你需要的資源。**

成功的人是因為成功才遇到其他成功的人？還是他們遇到成功的人之後自己也成功了？這在某種程度是先有雞或先有蛋的問題。人們常誤以為身邊圍繞很多有成就的人，就能從他們身上得到很多知識、意見和資源。然而這種情況通常只能維持很短的時間。長期而言，只要不是出於自己的成就、才能或人格的成果，都很難持久。

吸引力法則是：你注定會吸引與你主要思想契合的人和情況到你人生裡面來。與吸引力法則相反的是「排斥法則」（Law of Repulsion）：你會自動離開或排斥與你主要思想不相符的人或情況。如果大部分時候都很正面思考，就會形成一種正面磁場，吸引其他正面的人或情況過來；如果你的思考很負面，就會形成負面磁場，趕走正面的人或情況。

因此你還需要知道「間接作用法則」（Law of Indirect Effort），意思是說，絕大多數時候，你只會間接從別人那裡得到好處，而不是直接獲益。事實上，如果企圖直接要別人幫助你或與你合作，只會讓自己看來像傻瓜，還會把別人嚇跑。可是如果你運用間接作用法則，就會有驚人的效果。比方說，如果你想多交些朋友，只要專心做別人的好朋友就行了。問他們問題、傾聽他們說話、要有同理心、對別人的煩惱和處境表達興趣和關心，想辦法幫他們，即使只是做個友善的發聲平台也好。

若是你想在別人心裡留下深刻印象，當對方提到他剛完成某件很不錯的事情時，別忘了好好恭喜他。林肯曾說：「每個人都喜歡別人的讚美。」人們喜歡他們的成就被認可和欽佩。

我認識一個很成功的生意人，多年來一直習慣每週發十封電子信件給他認識的人，內容只有一句話：「恭喜你！」

這些年來他建立了龐大的人際網絡，結交很多尊敬、喜歡他的人。那些人一直很驚訝他是怎麼知道他們做了些不錯的事，而且還特地發信道賀。有人問他是怎麼知道的，他說，他根本不知道那些人在做什麼，只知道每個人每天或每週都在做些事情，當你發信向他們賀喜時，他們就會自動把這封信跟自己剛完成的事聯想在一起了。運用間接作用法則，不論是對方最近做出的決定，還是對方的穿著，經常可以找到他們值得讚美或恭喜的事情。

有句最好用的讚美幾乎適用於任何人：「你看起來好像瘦了！」即使這不是真的，別人還是會很高興有人注意到他好像瘦了，因為每個人都希望自己身材迷人，而迷人的身材總是跟瘦、健美、苗條有關。誇獎別人好看永遠不會錯！

## 樂於給予，收穫更多

希望被尊敬是人類最深的需求之一。你做的所有事情，幾乎都想得到你所看重的人的尊敬，所以如果希望別人尊敬你，就要先尊敬他們。

成功的人總是在找機會對他人有所貢獻，而大多數不成功或不快樂的人，卻總在等別人先對他們做出貢獻，想在付出之前先有收穫。要知道，播種前不可能先有收穫，這是永恆的真理。所以必須在人際關係中專心播下好的思想、好的感情，你所付出的東西，最後終會以最好的方式，回饋到自己身上。

「給予法則」（Law of Giving）是：**越不求回報地奉獻自己，越能得到最意想不到的收穫**。很多人誤以為他們的付出應該可以從接受者身上直接得到回報，可是這種情形很少發生。你實際上只是啟動了吸引力法則，引發的動力將會在對的時間、地點，由完全不同的對象為你帶來好處。

這其實很好理解，人類的本性就是只有當你對別人發揮正面影響時，才會真正感到快樂，而你從中得到的收穫，往往遠大於對別人做的好事。藉由幫助別人，改變了周遭的精神磁場，強化了吸引力，把你想像不到也無法預期的人、事、環境，都吸引到人生裡面來。

石油大王洛克斐勒（John D.Rockfeller）原先只是個週薪三．七五美元的小職員。他把收入的二〇％儲蓄起來，五〇％捐給教堂，靠剩下的三〇％過活，最後他進入剛起步的石油業，建立全美最大的石油公司標準石油（Standard Oil）。

洛克斐勒整個財富都建立在降低美國消費者的油料成本上。他用盡各種策略取得大量的瓦斯和石油，建立了複雜而精密的配送行銷系統，因為效率極高，因此能不斷降低油料價格。大家都說他的標準石油公司是壟斷生意，不過他完全是消費者導向。他的成功是因為他有能力給消費者最低的價格。

當洛克斐勒的企業獲利成長，規模擴充之後，他失去了最初與人分享好處的眼光。雖然一直很想拿錢出來做些有意義的事，可是因為太忙於建立自己的王國，使得他沒時間再去想這件事。

洛克斐勒五十二歲時已經是全世界最富有的人，可是卻宣告健康破產，整個身體都垮了，毛病百出。醫生宣判他只剩幾個月可活，也許可以拖到一年，他辛苦工作了大半輩子，卻疏忽了身體健康，現在，即使他付得起任何醫療費用，群醫也束手無策了。

洛克斐勒覺得自己反正要死了，就想回歸最初的想法，捐些錢出去。他把自己在洛克斐勒石油公司一半的股份變賣成現金，總數大概有五億美元，然後設立了第一個洛克斐勒基金，開始捐錢，做他長久以來一直想做的善事。接下來，奇蹟發生了，錢捐越多出去，他的身體反而變得越好。

最後，他的病症竟都消失了，整個人也因為獻身於慈善事業，贊助教會、基金會和其他慈善組織而感覺更好。同時，洛克斐勒石油公司也持續成長。他留在公司裡的一半股份快速增值，已超過他捐出去另一半的速度。洛克斐勒在醫生宣判他活不到一年後，又活了四十年，享年九十二歲。生前總共捐獻了幾億美元。不可思議的是，他死時的身價，比起他五十二歲賣掉股份開始慈善事業時還要高得多。

## 計畫遇見對的人

人際關係是如此重要，所以不能光憑運氣就想遇到對的人。然而絕大多數的人就像在玩碰碰車，只是隨機與人相撞，無法控制自己撞到誰或被誰撞。你必須為你想培養和發展的關係制定一個具體的計畫。與其隨意碰到發生在你身上的事，不如刻意計畫讓你想要的事情發生。你對自己想要的東西越清晰，就越快能將其吸引到你的生活，當這件事發生時，你也就越容易發現到。

選擇配偶或親密伴侶的方法，就像設定其他人生目標一樣。你可以拿出紙筆，寫下你理想對象的細節。想像你正在下訂單，要選購一個理想對象，而對方會完全依照你的描述把你的理想伴侶送上門來。

盡可能準確寫出對方的價值觀、信仰、人生哲學，以及對人生重大事情的看法。寫得越清楚，越可能找到理想對象。每天反覆看這些條件，隨時增補新的，使你的描述越來越清楚準確。每當你想像與這個理想對象交往有多麼幸福時，這種情緒就會刺激潛意識，開啟吸引力法則，用不了多久，自然就會把這個人吸引到你人生裡面。

找到理想對象的下一步，就是誠實評估自己，完全客觀地看清自己的長處和短處。傑出的人能勇敢誠實地看到真正的自己，而不只是看到期望中的自己。列出一張清單，看自己能為親密伴侶付出什麼。你有哪些長處？然後列出各方面有待改進的地方，下定決心在各方面努力改進缺點。

你不可能吸引一個內心深處跟你南轅北轍的人。你的人際關係，尤其是親密伴侶，會反映出你真實的個性、價值觀、信仰和態度。想要吸引很優秀的人，自己必須先變成一個很優秀的人。

至於職場成功的關鍵，就是與你的老闆、同事、顧客擁有良好的關係，尤其要慎選老闆。仔細面談，直到找到樂於為他工作的老闆為止。他最好是你喜歡、尊敬、仰慕的人，可以在工作上教你很多東西，並能鼓勵、支持你把事情做到最好。

如果你在為一個態度消極的上司工作，或處在很困難的處境，那麼永遠不可能快樂或成功，最後不是辭職就是被解雇。聰明人會拒絕在不快樂的地方一直工作下去。做自己不喜歡的工作，根本是浪費時間、浪費生命。

## 慎選往來對象

人生最重要的決定之一，就是選擇平日往來對象。花時間跟贏家來往，遠離負能量的人。不要跟老是在抱怨、咒罵、批評的人打交道，這種散布毒素的人會使你沮喪，趕跑生活中的歡樂，跟這種人相處後，會覺得心灰意冷，鬥志全無。

就像著名金融家羅斯柴爾德伯爵（Baron De Rothschild）說的：「勿交無益之友。」在選擇工作夥伴和社交朋友時要絕對自私。大衛・麥克藍斯博士（Dr. David McClellan）在哈佛大學研究了二十五年成就後做出結論：你的參考團體（reference groups，編按：指會影響一個人的價值觀、態度和行為的群體，可能是同事、同學、鄰居甚或明星、球員）成員，對你的成功與幸福帶來的影響，遠大過生活中的任何人。如果你的群體是火雞，你的走路、行動、語言就會像火雞一樣。如果你和老鷹一起飛翔，就會像老鷹一樣思考和感受。你周圍的人對你的個性、觀點、目標和你完成的一切，都有著一定程度的影響。

成功人士常被形容是孤獨的人，這不表示他們形單影隻，他們反而有很多朋友，可是他們不會隨便抓個人就一起午飯。他們的人際關係是有選擇性的，常會堅持和自己喜歡、對自己有益的人相處。

美國白手起家的有錢人有一個最大的共同點，就是人際關係永遠很活絡。他們利用每個機會結識他人，介紹他們認為各領域的重要人士互相認識，使彼此的各種關係重疊，擴大人際網絡。

## 參與組織協會活動

我的一個好朋友希薇・比金（Sylvie Begin）從渥太華搬家到聖地牙哥。她剛到的時候誰也不認識，但幾個月內她就成了最活躍、最受歡迎的人之一，她是怎麼做到的？她立即加入工作的協會或組織，並全心全意為小組活動付出，由於很少人這樣做，她很快得到重要地位，得到組織中關鍵人物的認可和尊重。她因為提供幫助完成工作而被認識，機會開始流向她，她得到許多重要人物的支持，幾個月內就超過其他人需要用許多年時間才能得到的進步。

建立成功人際網絡的關鍵，就是刻意加入一兩個組織，得到成員的幫助，自己也可以幫助他們，達到私生活或事業上的目標。

人際網絡中最重要的就是「信譽」，意思是：人們越信任你，就越容易與你合作、與你做生意。

這裡要談談事業上的成功人際網絡。在加入一個組織前，首先，要仔細研究，做些功課，弄清楚組織成立的原因和宗旨，找出這個組織的哪些部分最活躍，對組織的成功最重要。

其次，研究一下會員名單和委員會結構。確定組織裡的人都是你這個領域領先群倫的前輩，你可以向他們看齊，而且他們必須是有能力把你從現有地位提拔上去的人。只有在你對這個組織和所做的事都非常滿意、振奮的時候，再加入它。

加入之後，找出這組織裡功能最重要的委員會，並自願加入這個對組織和成員能有所貢獻的重要委員會。由於大多數企業或社會組織都是自發性的，所以通常會很歡迎你自願貢獻時間和勞力。

大多數人加入產業協會都只是出席會議，然後打道回府。他們把開會當作社交生活的延伸，而不是事業重要的一環。你的策略卻不同。一旦加入組織，不僅負起基本責任，還要積極投入活動，主動接受額外指派，要不了多久，委員會裡的重要人士就會注意到你。不斷自我付出而不求回報，就會開始贏得他們的信任和尊重。很快的，他們會要求你幫忙重大事務，你就會迅速變成委員會中的重要角色和價值成員。

多多參與社交、商業或慈善組織，為團體或社會服務的機會總比等待天才來填補這些空缺的機會多得多。如果你是以給予者而不是索求者的角色來面對這個情況，那麼擴大你的人脈將是沒有限制的。

## 建立互惠的人際關係

一個人越喜歡你，你越容易用某種方式影響他，因為感情會扭曲判斷，意思是說如果有個人真的很喜歡你，他會比較不在乎你或產品的缺點。但換個角度來看，如果他對你持中立態度，或評價負面，無論你說什麼，他都會半信半疑。人們喜歡與他們喜歡的人交流，喜歡為喜歡的人開門，喜歡從喜歡的人那裡買東西，喜歡雇用和提拔他們喜歡的人。喜歡你的人越多，為你而開的門就越多。

此外，要常常幫忙你遇到的人。我看過不少全世界最有錢有勢的企業家都這麼做。他們聽別人說話時總是那麼親切專注，而且總是會問：「我能幫得上什麼忙嗎？」有時候，他們或許會想到一些可以為你做的事，不過多半一時之間想不出能幫你什麼。事實上，聽到對方想幫忙的意願，就足以留下愉快的印象了。

「互惠原則」可說是人類最強、最重要的行為動機。如果你為別人做了些事，別人也會想為你做些事，以擺脫欠你的感覺。大多數人跟別人打交道時都很講求公平，當你對別人做了件好事，對方就會覺得有義務償還你。一個善意的幫忙會造成兩人之間的平等關係失衡，受惠的人就會找機會平衡這種關係，也會想辦法為你做些好事以資回報。

人們總是推薦認識、喜歡、信任的人來合作，人生成功的關鍵在於建立更多更好的人際關係，讓更多人了解你、尊重你，你需要做的只是建立廣泛、有影響力的人際網絡。仔細選擇你想增進關係的人和組織，然後全心為他們做出寶貴的貢獻。當你因為周圍人的尊重而達到頂點位置時，那是因為你有計畫和目標，而非只是因為幸運。

## 行動練習

1. 列出一張清單，寫出你的產業、社區或國家裡，對你有幫助或你想認識的重要人物。你可以親自拜訪或寫信設法和他們聯絡。
2. 設法為別人做些事情，通常這些幫忙都會又回饋到你身上。
3. 經常加入一些組織或協會，認識你想認識的人，也讓他們認識你。
4. 做個主動幫忙的人。抓住每個機會自願幫忙別人。養成積極奉獻、不求回報的習慣。
5. 慎選你的老闆。你打算一起工作的這個人，對你的生涯發展或工作滿意度會有很大的影響。
6. 不斷拓展人際網絡，設法介紹生意給你遇到的人。寫信給他們，寄一本書、一篇新聞連結保持聯絡。
7. 在人際關係中全面實行互惠原則，為別人做些事情，如果有人幫了你一些忙，你也同樣幫忙他們，當作回報。

# 原則 7 ▼ 財富很重要

從人的思想中挖到的金礦，比從地面下挖到的多。

——美國成功學家 拿破崙．希爾（Napoleon Hill）

人生中最重要的目標是財務自由。擁有足夠的錢，才能享受自由、幸福、機會，以及充分的自我表達。無怪乎一般人說的「好命」，主要都是指經濟上的成就。

我們現在所處的時代，是人類有史以來追求經濟成就最有利的時代。由於新資訊、知識、科技創新、客戶需求日新月異，使得人們比以往更有機會做到財務自由，甚至變成有錢人。

幾十年前如果想變富有，必須擁有土地、勞工、資本、生財器具、廠房、建物、設備等有形資源。如今，卻可以純粹仰仗腦力邁向財務自由，而那些全部財產都綁在工廠和設備上的人，所擁有的每樣東西，都可能因為一個新科技或顧客需求改變，立即過時。

## 創造你的價值，就是創造財富

我們生活在一個無限富足的世界，只要知道如何取得，每個人都可以得到想要的財富。而創新的思考能力是財富的真正源頭。除了自己的想像力，沒有任何事物能限制你賺錢。

我年輕的時候沒有高中學歷，曾住在車裡、睡在地上，做著最低工資的工作。我羨慕那些似乎做得比我更好的人，我曾經相信，成功的人是因為生活中擁有巨大優勢，我以為如果一個人不是來自好的家庭、受過好的教育，便沒有各種機會，人生也不會有多大希望。

我後來才知道，在美國真正成功的人，都是從很小的資本累積，甚至從零開始。美國只有不到一%的有錢人是打從一開始就繼承家產的，幾乎所有的有錢人都是一代致富的。以比爾蓋茲為例，他二十歲時就從哈佛輟學，開始創業。

常有人問我，如果沒有錢，怎麼可能改變自己的生活，或開始新的商業活動？我告訴他們即使沒有上千種至少也有上百種生意，是只要有一百美元就能開始的。不過這些生意需要的是身心投資，而不是金錢投資。工作或創業最重要的本錢就是願意並努力工作，只要有這個本錢，其他東西自然手到擒來。

如今大多數美國家庭都沒有存款或現金準備，高達七〇％的美國工作者都沒有餘錢。這表示他們花掉了所有賺到的錢，通常還用信用卡超出一點消費，結果落得一毛不剩。在美國，一般家庭若只有兩個月的經濟支撐能力，就可能流浪街頭，只要隨時切斷他們的現金收入，情況可能很慘，因為他們可能付不出房租或房貸。

沒錢人就好像很久沒吃東西的人，滿腦子都是食物。同樣的，經濟困窘的人也會對錢的事牽腸掛肚，完全沒心情或力氣注意周遭世界。心理學家佛烈德瑞克・赫茲柏格（Frederick Herzberg）把錢稱為「保健因素」，它會激勵人衝到某個點，之後就退到比較不重要的位置。這表示你至少需要某個數量的錢才會有安全感。如果擁有的錢不夠，就會一直想錢的事，而無暇顧及其他事情。

有錢人會說，財富只是維持成績的一種方式。你會把錢財看成衡量自己表現的標準，如果擁有足夠的錢，才會開始思考健康、人際關係、工作表現等事，也會花比較多時間跟家人相處。**一旦擁有錢財到某個水準，錢就不再是你最關心的事情了**，生活在抵達這點之後，就會有所改善。

我的朋友克普・克普梅爾（Kop Kopmeyer）研究成功人物長達五十年，閱讀過六千本成功方面的書，歸納出一千個成功法則。他發現最重要的成功法則其實很簡單，就是「向專家學習」。一般人沒那麼多時間凡事都自己搞清楚，但如果想成功，就必須找到自己最欽羨的成功典範，然後向他學習，持之以恆，最後就會得到同樣的成果。

經濟成功的關鍵是創造價值，意思是，所有財富都來自於以某種方式增加工作的價值。為自己的工作、公司或顧客創造或增加價值，是快速增加收入的關鍵。你增加的價值越多，就會變得越有價值。

換句話說，必須不斷**增加自己對周遭世界的貢獻**。唯有不斷增加顧客利益、顧客價值、改善他人的生活，才能真正創造持久的價值和財富。

## 創造財富的七個要訣

在此提供七種好方法，增加你的工作和在世界中的價值。這些方法中的任何一個就足以使你達成財務自由，若能全部應用，就會開始賺更多錢，並比你想的更快前進。

## 一、加快速度

提高自己的價值，首重依別人的希望加速完成任務。客戶想要一樣產品或服務時，常常不要則已，一要就十萬火急。因此，對客戶的感覺而言，你的速度與產品或服務的價值便產生直接關聯。加快工作速度，別人就會覺得你的工作能力較強，產品品質也較好，速度在各行各業都是競爭優勢之一。

服務客戶時，若總能領先競爭同業一〇%的速度，就有財務自由的基礎了。湯姆·莫納翰（Tom Monaghan）在開創達美樂披薩外送店時只有一個想法，就是外送速度比別人快。莫納翰退休後，個人資產高達十八億美元。速度的確是讓人們樂於付錢的一個商品價值。

## 二、改善品質

在同樣的價格下，要提供客戶比競爭者更好的品質。而在改善品質之前，必須弄清楚客戶認為什麼是好品質，然後找出方法，在不提高成本的情況下，提供更好的產品。

很多公司搞不清楚什麼才是客戶認定的好品質，事實上，客戶認為好就是好。好的品管被定義為：「找出客戶真正想要的，然後比競爭者更快送到他們手上。」

品質不只是指東西耐用或設計美觀，最重要的是效用，也就是和客戶的某種需求有關，或客戶想把某種產品或服務拿來作什麼用途。品質是指客戶尋求的某種利益，你能提供這種利益到多好的程度，就是客戶認為的品質。

根據數千名客戶調查顯示，產品分為兩大部分，第一是產品或服務，第二是把產品或服務交到客戶手上的方式。這就是麥當勞為什麼能提供非常好的品質的原因，它滿足了顧客對快速、價值、乾淨明亮和便宜的需求。麥當勞並不想和美食專家推薦的餐廳競爭，卻在顧客願意付出的價格內，提供全球顧客非常標準的速食。

業者應該經常問自己：「如何根據客戶的真正需求，改進工作品質？」傾聽客戶的問題、建議，甚至抱怨，請客戶定期給你一些回饋，問他們對產品或服務是否有改進的建議，而這些可以讓你在市場中得到優勢。

## 三、增加產品價值

設法增加你所做的每件事的附加價值，這樣客戶才會認為你或你的產品比競爭者優越。譬如，你可以改良設計，使產品更好用，增加產品或服務價值，也可以簡化操作方法，增加產品價值。

蘋果電腦就是在這兩方面雙管齊下。他們為不精通電腦的人改良電腦，使電腦更容易操作，結果改變了整個個人電腦產業。很多蘋果電腦使用者聲稱他們從來不看使用說明，因為無論電腦主機、周邊設備或使用程式，都十分人性化且容易安裝使用。設計的改良和簡單化，大大增加了蘋果電腦的價值，其他公司也只好在後面跟著蘋果公司的腳步。

## 四、讓別人輕鬆跟你交易

提高購買或使用產品的便利性，能增強自己在市場上的競爭力。便利商店到處林立，顯示了有這麼多人願意為方便性而掏腰包。很多顧客寧願多付一五%到二〇%的錢，省得大老遠跑到大型購物中心或平價商店去買同樣的東西。

大受歡迎的自動提款機每天二十四小時營業，也是提高便利性的最佳例子，而速食店的快速點餐車道，用輕鬆購買的方法提高銷售量，是另一個成功的例子。

## 五、改善服務品質

人都是重感覺的，做生意時如果態度熱情友善，對客戶的影響會很大，因此良好的服務態度在嚴酷的市場上，是個很有力的競爭優勢。

諾德斯特龍百貨（Nordstrom）是美國最成功的高價位連鎖百貨公司。幾乎每個諾德斯特龍的顧客都會告訴你，並不是因為這裡的商品比別家百貨公司好或有什麼不同，而是因為諾德斯特龍提供了全美最溫暖、友善的顧客服務。

沃爾瑪（Walmart）原本是阿肯色斯州本頓維鎮上一家不起眼的零售百貨，後來因為它努力成為一個迅速、友善、快樂的購物商店，而變成全世界最大的連鎖百貨。每當員工年屆退休時，就會變成接待員，站在大門內歡迎並感謝顧客光臨。沃爾瑪的創辦人山姆・沃爾頓（Sam Walton），在一九四〇年代時只有一間面臨破產的商店、一輛小型貨車和一個想法——讓小鎮的人能便宜買到衣服和家用品。由於不斷設法給顧客更好、更快、更便宜的服務，最後終於賺到了兩百五十億美元的財富。

卡爾・席維爾（Carl Sewell）在《顧客至上》（*Customers for Life*）書裡，告訴讀者他如何成為美國最成功的凱迪拉克經銷商。席維爾的哲學是，不斷提供顧客希望得到的服務，並傾聽顧客心底的想法和抱怨，然後採取行動，甚至去做即使過去從來沒有人做過的事。他的創新之一，就是永遠要有充裕的出借車或出租車備用，這樣車主就有充足的時間把車留在廠裡一整天維修。如果保固期內的新車需要修理或服務，他也會派出一輛等值的新車到府供顧客使用，然後取回顧客的車至經銷站整修，免除車主親自開來的麻煩。無論任何時候，車子出了任何毛病，席維爾都保證一次修好，否則下次絕不再收費。每個機械工都必須為自己每次的工作負責到底，如果車子因同樣的毛病再送廠，機械工必須把車修好，且不另外收費。席維爾的創新服務非常成功，來自世界各地的團隊都來研究他的服務系統。

## 六、跟上時代腳步

了解並迎合生活型態的變化，是創造財富很重要的事。分析你的顧客群，了解他們在需求、品味、嗜好上的變化。研究新趨勢在各種產品和服務上，對顧客行為及購買型態產生哪些影響。

譬如，每年都有成千上萬人退休，而這些人將會活得比過去任何時代的退休者都久。繭居（cocooming）成為一種新的時代趨勢，許多人將花更多時間待在家裡。換句話說，越來越多人會花更多錢讓住家環境更舒適。只看看一些連鎖店，例如家庭倉庫（Home Depot）和目標商店（Target Stores）就知道了。

現在十幾二十歲的年輕人，跟幾年前同年齡族群的品味已大不相同。生活型態和人口結構的改變，為很多過去不存在的新產品和服務創造了商機。只要能找出新構想為某種浮現的市場服務，財務自由就指日可待了。

幾年前有三個生意人一起開創公司加州披薩廚房（California Pizza）。適逢一九九〇年和一九九一年的經濟不景氣，人們紛紛削減出外用餐的預算。雖然大家因為忙碌的生活型態還是很想外食，可是實在付不起去餐廳吃飯的昂貴花費。當時加州披薩廚房提供「高品味速食」，包括高品質的沙拉、義大利麵和單點披薩，立刻大受歡迎。他們很快從一家餐廳增加到四十二家分店。這時百事可樂又用一千七百萬美元買下餐廳，加州披薩廚房從此衣食無虞。

致富的第一原則就是「掌握趨勢」，千萬不要逆勢而為。就像世間萬物的自然法則一樣，必須讓工作或事業與自然變化和諧一致。

## 七、調整價格

你必須想辦法給出更多折扣把更多產品賣給更多人。有些非常成功的商店，像排名第一的量販店好市多（Costco）和排名第二的 Sam's Club，就是創造了堆滿低價的大賣場。這些商店每天進帳上千萬，顧客從好幾里外趕來，停車場從早到晚都擠得水洩不通。

你可以結合上述各種增加產品價值的方法，提高業績或利潤，或同時使用兩種以上的方法。如果你能想到方式做到上述七項要訣，這些使客戶受益的想法或見解，將成為你一生成功致富的跳板。

## 有錢人的致富之道

無數白手起家的有錢人境遇通常都很像。大多數人剛開始都只有一點錢或根本身無分文。在開始婚姻生活時，也都還在原來的生活圈裡，沒人知道他們有一天會身價百萬。但是，白手起家的有錢人跟一般人對時間、金錢和人生的態度就是不太一樣。

有個簡單的過程，可以確保你有更多好機運幫你賺錢。

首先，必須認真把財務自由當作一個目標，別再混了！如果想在未來十到二十年內賺到某個數目的錢，就要寫下來做為目標。

其次，給目標訂個最後期限，再訂一些階段性期限，確定自己每個月必須賺多少、存多少、投資多少，才能達到目標，並確定必須採取什麼行動。用一些記帳法追蹤每月進度，計畫越詳細越有可能達成目標。

一旦有清楚的經濟目標和計畫，接下來問自己：「為了達到我為自己設定的經濟目標，我在哪些方面絕對必須表現得非常好，才能賺到這些錢？」

緊接著還必須訂個新目標，獲得所需的工作技能，而且要熟能生巧，下定決心不管付出多少代價和努力，一定要成為可以賺那麼多錢的人。

致富最難也是最重要的部分，就是必須先從內在著手，外在才能變成有錢人。一旦打心裡變成有錢人的思考方式，人生就沒問題了，就算因為某些原因把錢賠光了，還是有辦法再賺回來。

想在思考上變成有錢人，需要從積極思考轉為積極認知，也就是必須從希望和期待的心情，轉變成確認自己真的是擁有發財技術和心態的人，一旦有這種心態，就沒人能奪走。

## 再窮也要儲蓄

儲蓄的習慣能在通往財務自由的路上帶來不錯的機運。最有名的儲蓄故事就是經典暢銷書《巴比倫最有錢的人》（*The Richest Man in Babylon*）。故事中告訴我們最重要的一課是，想要有錢，終其一生都必須自己先付出錢。你必須從每筆收入裡撥出一些錢，小心投資。儲蓄的原則是，將工作生涯中每筆收入的一〇%存起來投資，最後就會變成百萬富翁。

美國每年的個人平均收入大約是兩萬五千美元，如果你每一年能夠存下一〇%，也就是兩千五百美元，每個月大約要存兩百多美元，然後小心投資，讓這筆錢每年獲利一〇%，退休時就真的是有錢人了！

儲蓄的習慣能改變個性，培養自律能力，使你更有自我控制力和自信，也能使你在人生各方面都更有智慧，更深思熟慮。

你也許會想，帳單和開銷那麼多，根本不敢想能從收入裡存一〇%起來。如果實在存不了收入的一〇%，至少可以存一%。幫自己買個存錢筒或在衣櫥上放個瓶子，每天下班後把每月收入一%的三十分之一放進瓶子裡。比方說，你每月賺兩千美元，一%就是二十美元，二十美元的三十分之一就是六十七美分。每個人每天都絕對可以儲蓄六十七美分。少喝一杯咖啡、汽水或少吃個甜甜圈，就有六十七美分了。月底時，再把二十美元存進銀行帳戶裡。這個帳戶是儲蓄專戶，不是用來買車、買冰箱或買房子的。這是你下定決心無論如何都絕不去碰的錢，一旦存進去，就當它已經沒有了。

然後就開始學著靠九九%的收入過日子，直到覺得舒服、習慣為止。這個調整大約維持一個月左右，就要再提高儲蓄率達收入的二%，下個月，將儲蓄率提高到三%，然後每個月繼續往上調高。一年內，你會發現，自己每個月儲蓄了收入的一〇%，甚至更多，而且只靠收入的九〇%甚至更少過日子，也不會感覺不適。其次，你會發現自己在生活各方面都更有經濟概念了，花每筆錢時都會想得更仔細，你會因此延後消費，很多東西乾脆就不買了，而且會開始降低開銷、減少貸款。

## 用錢來賺錢

養成儲蓄習慣後，你會發現神奇的「聚財法則」開始發酵。聚財法則是說，一旦開始儲蓄，並且抱著希望投資這些錢時，那些錢的周遭就會產生一種磁場，開始吸引更多錢到你生活裡面來。有句話說：「錢能賺錢。」戶頭裡錢的力量，會吸引更多錢及更多機會，使你增加收入和存款，就像吸引力大的磁鐵會吸引到比較遠的金屬一樣。

一旦開始聚財，也會開始吸引投資這些錢的好機會。這種機會之財是人生中最快樂的事了。一個銀行裡有錢、開銷全在控制中的人，和戶頭空空、每到月底就憂慮帳單的「月光族」，這兩種人的心態完全不同。有錢就會比較積極樂觀，而創造出一種磁場，開始吸引更多人、構想、機會、資源，加速致富。

在追求財務自由的路上，必須避免兩種危險：第一種危險可以用「帕金森定律」（Law of Parkinson's）解釋。帕金森定律是說：支出的需求會不斷提高到所有費用用完為止。想實現財務自由，你必須有意識地打破帕金森定律，絕不能允許開支增加到花完所有多增加的收入。打破帕金森定律的辦法是，每次收入增加，就下定決心存下一半增加的收入。

第二種危險則是迅速致富的心態。只是想賺輕鬆錢，而沒有事先為賺錢付出充分代價的心態。日本有句諺語說得好：「賺錢好像用針掘土，賠錢好像用水灌沙。」

**關於錢的事只有一件是容易的，就是賠掉它**。如果你已經在儲蓄，就要開始練習投資。投資前必須要先研究，要像掙得這些錢所費的功夫那樣，花充分時間研究如何投資。畢竟，如果花了一整年存下的錢全部血本無歸，損失的不只是金錢，還有辛苦工作的心血。

最後一個賺錢法則就是「保存」，意思是說：**重要的不是賺了多少，而是留下多少**。多數人用一生賺了大量金錢，但退休的時候還是只能依賴親戚或社會保險。他們雖然賺足了錢，但沒有存下錢財，便依然無法財務自由。

## 致富鐵三角

成功致富的鐵三角包括儲蓄、保險和投資。第一個聚財目標是存夠相當於兩個月到半年的生活費。這筆錢應該存進活儲帳戶或買平衡型基金，以備緊急時可立刻變現。

經濟保障的第二個支柱是保險。買份人壽保險，以確保沒有任何經濟能力負擔不起的意外或緊急事件發生，也讓家人有保障。此外在醫療、汽車、竊盜或其他可能的傷害方面都要有保險。在人生保障上，千萬不要有碰運氣的僥倖心態。很多人就是因為想節省保險費，結果毀了自己一生，也毀了家人幸福。

最後，一旦你有了充分的保險，並有一筆應急現金，就應該開始在你深入研究過的領域謹慎投資。積聚財富到達相當程度時，必須要小心理財鎖住它們，並且用充分的保險以防不幸發生。一旦賺到了錢，必須極盡所能保住它，千萬不要賠錢！

也許**最好的投資，就是投資自己**，一開始就讓自己的能力不斷進步，才能賺到想賺的錢。正如同在〈知識就是力量〉篇章提到的，你可以每天閱讀、開車的時候收聽學習節目、定期參加研討會和課程等方式來增進自己的技能，投資自己。

每多一年的自我教育，便能增加一〇%到二〇%的收入，甚至更多，成果通常會高過預期。我遇過一些才剛開始自我專業進修一年的人，收入增長了兩三倍之多。

當你在你的領域變得非常優秀時，終會得到很好的報酬，你的收入開始增加，然後小心翼翼地投資，你的財富便會一年一年地複利增加，最終實現財務自由的目標。

## 行動練習

1. 今天就下決心未來要達到財務自由的目標，做個計畫，設定時間表，每天朝目標採取一些行動。
2. 讓自己變成理財專家。這是你一定學得會且能精通的技能，能使下半輩子受用無窮。
3. 對公司和客戶展現並增加自己的價值，專心做出一些成果，讓別人因欣賞、感激而願意多付報酬。
4. 養成存下每筆收入相當比例的習慣。錢一旦存進銀行就絕不去碰它。
5. 從今以後，每次增加的收入至少要存五〇％，以打破「賺多花多」的帕金森定律，然後小心用最安全、回收最大的方式投資。
6. 保留相當於二至六個月生活費的現金準備，以備不時之需。投保人壽、醫療、房屋、汽車、產物等保險，不要把前途拿來冒險。
7. 自我投資，讓自己的工作能力越來越好，才能賺更多錢。你自己就是最有價值的資產。

原則 8

# 你是天才

每個人創造力的源頭或中心，就是他製造意象的能力，或想像的能力。

——美國成功學大師 羅伯特・柯里爾（Robert Collier）

你的大腦是你最寶貴的資產，它可以使你富有或貧窮、快樂或不快樂。正確運用你的智慧，就能為自己創造美好生活，當你開始用大腦那不可思議的力量時，沒有一個問題是你無法解決的，沒有一個障礙是你無法克服的，也沒有一個目標是你無法實現的。要知道，你是一個潛在的天才。

根據大腦專家東尼・博贊（Tony Buzan）的研究，大腦有一千億個細胞，每個細胞都和多達兩萬個其他細胞相互連結，連結方式有一千億的兩萬次方。每相互連結都能產生一種新想法或見解，這表示**你能創造的思想、看法，比已知宇宙全部的原子數量還多**。大腦有龐大的儲存容量，在人類醫療史上，曾經有人因意外事件喪失了九〇%的大腦功能，結果剩下的一〇%仍然運作得非常有效，甚至在學校裡還拿到A的成績。

## 建構你的心智力量

一般人平常只使用了大腦一〇%的功能，甚至更少。根據史丹佛大學大腦協會（Brain Institute at Stanford University）的研究，一般人並沒有用到大腦潛能的一〇%，而是只有二%。其餘的大腦功能通常終身棄而不用，處於未開發狀態。

對文字的了解與才智和成就有直接關係。英語中有超過六十萬個字，但一般人日常交談中僅用到一千兩百個字左右。八五%的實用英語都涵蓋在兩千字以內，而九五%的報章雜誌、電台電視用語，也都只用到六十萬字中的四千字而已。

運用文字的能力和收入，與知識有直接關係；而運用文字的能力，與才智也有直接關係，因為每個文字其實都是一種心智建構。文字代表思想，了解而且能運用的文字越多，越能有比較複雜、準確的思考。擁有廣泛字彙的人，運作能力會比較強，而且比文字知識有限的人更有創造力和見解，字彙少的人思考也比較有限。

只要增加認識的字彙，就能增強才智和思考力。每學會一個字，就能幫助你多運用其他十或十五個字。如果每天學一個新字彙，一年有三六五天，不出五年就會變成社會上最能言善道、最有聰明才智的人了。

有些人被別人視為是幸運的，只不過是因為他們比一般人懂得如何多用天生的腦力。他們已經學會用智力和判斷力做為成功的工具，使得他們比其他人更快做出更好的決策，得到更好的結果。

並且更重要的是，他們懂得「專注」的力量：越專注在某個思想、問題或目標上，越能促進、刺激心智能力，以及集中在解決那個問題，或達成那個目標上。

清晰明確的決定能讓腦筋清楚，進而刺激創造力。當你猶豫不決，無法決定要不要做某件事時，會很容易分心，失去專注和清楚思考的能力。可是，一旦明確決定採取某個解決問題的目標或行動後，猶豫和困惑就消失了，不但腦筋變得很清楚，全身上下充滿活力，覺得人生又在自己掌握之中了。

## 超意識心智的關鍵能力

我們在前面章節談過好幾次意識和潛意識的關係。你的意識心智發號施令，而潛意識則服從命令。你的意識分析你得到的訊息，將這些訊息與你的經驗比較，然後決定做或不做某件事，潛意識只能接受意識的決定，開始努力實現目標。

然而，其實你擁有的最強大能力是你的「超意識心智」（superconscious mind）。超意識心智是所有啟發、想像、直覺、洞察、構想以及預感的源頭，它像是你的電力公司，只要有適當的規畫引導，便能為你帶來一切你真正想要的東西。

人們早已知道超意識心智的存在。愛默生稱之為「超自然靈魂」（Over Soul），美國作家安德森（Anderson）稱為「萬能潛意識心智」（Universal Subconscious Mind）。心理學家卡爾・榮格（Carl Jung）則說它是「超意識心智」（Superconscious Mind），他認為人類長久以來的智慧都包含其中，只要懂得開發它的人都可以觸及它。成功學大師拿破崙・希爾形容這種心智為「無限智能」（Infinite Intelligence），他發現美國每個富人之所以能致富，都是因為學會長期開發這種心智。

每一次的科學或科技突破、每一件偉大的藝術作品、每部了不起的音樂或文學作品、每個天才，在人類史上留下的永恆光芒，都是超意識心智的結果。

「超意識作用法則」（Law of Superconscious Activity）是最重要的成功要素。意思是說：**存在意識心智內的想法、計畫、點子或目標，一定會被超意識心智帶到現實中來。**

超意識心智有七種關鍵能力。將這些能力與過去的經驗比較，會發現超意識在你不知道的時候早就出現過。

## 一、目標導向的動力

超意識心智能產生目標導向的動力。所以，如果你絕對清楚自己真正想要什麼，就能感受到源源不絕的能量和動力，促使你向前邁進。

超意識心智其實是「自由能量」的源頭。當你為成就一件事而感到興奮時，就觸動了這個自由能量的源頭，就好像用插頭插進萬用插座。這時你需要的睡眠似乎比以前少了，不但能長時間工作而不覺得累，也更能掌握人生。長期而言，覺得自己好像處於亢奮的心理狀態。

越是不斷列出目標，採取明確行動去達成，就會越有動力，源源不絕地汲取自由能量。想像目標達成時的景象，感受到隨成功而來的愉悅情緒時，會變得更正面、熱情，表現出最佳能力。

## 二、正面肯定的力量

當潛意識以第一人稱現在肯定句的型態，接收到明確的指令時，就啟動了超意識心智。有四種元素能啟動超意識心智：生動、持續、強烈和頻繁。每種元素都能增強想像畫面的力量，四者都具備時能更快實現你的目標。

- **生動**：是你能用心把目標看得多清楚。越常想像，畫面就越清楚，畫面越清楚，動機越強，焦點越集中，這些畫面也越快成真。
- **持續**：表示你能讓心裡這幅目標實現的景象保持多久。保持越久，就會在潛意識裡烙印得越深，也能越快被你的超意識接受。
- **強烈**：表示你在這幅未來畫面裡能注入多少情感。對想像畫面的渴望越強烈，就能越快刺激你的超意識為你工作。
- **頻繁**：表示你每天多常想到或冥想目標實現的畫面。如果你真的很想要某樣東西，會發現自己想個不停，越常想像已經實現的景象，超意識心智就越能發揮功能，你也能越快把夢想吸引到人生裡。

## 三、解決每個問題

設立好一個新目標時，人生就會走向全然意外的方向。很多人訂下未來幾年要多賺些錢的目標後，不論是因為被炒魷魚或被資遣，之後又找到新工作或開創新事業，反而賺到了原來工作不可能賺到的錢。事後回想起來，如果他們一直留在原工作上，就不可能達成當初設定的經濟目標。

許多成功人士都坦承，他們一生中最大的成功來自意外失去工作或企業陷入低潮的時候，他們被迫做出新的決定，做不同的事情。這些具體的改變使他們走上了新的道路，從而實現了新目標。大多數人的情況同樣如此，他們以意想不到的方式成就自我，或許做的是與一開始不同的工作，但只要他們清楚知道財務自由是他們的最終目標，超意識就會引導他們從一個經驗到另一個經驗，在他們前進的過程中為每個問題提出解決方案。

## 四、你需要的確切答案

超意識心智會針對你最棘手的問題，在最適當的時機帶給你正需要的答案。當答案出現時，要立刻採取行動，就算是三更半夜也一樣。

比方說，你可能忽然有個靈感或直覺，想打電話給某個很久沒聯絡的人，結果當你打電話過去，在聊天過程中，這個人給了你一個珍貴無比的訊息，正是你當時決定下一步計畫所需要知道的。

## 五、發揮專注力

超意識心智在兩種情況下運作得最好：第一種情況是，當你的注意力非常集中，一心一意全神貫注在解決某個問題或完成某個目標上時，超意識心智就會發生作用。第二種情況是，當你的心智完全在忙別的事情時，超意識心智也會在這時起作用。

## 六、規畫你的心智

超意識心智有規畫的能力，是經由潛意識發動。你可以從意識裡發出一個指令，透過潛意識傳達到超意識，然後超意識就會針對這個命令，在對的時間、用對的方式為你運作。

比方說，你可以睡前在心裡規畫好一個睡醒的時間，時間一到，就算天還是黑的，也自然就會醒來，而再也不用鬧鐘了。

你也可以運用超意識心智，在繁忙的街道或擁擠的停車場找到停車位。抵達一個目的地時，先想像眼前出現一個停車位。幾乎每一次，只要先把這個念頭輸入心裡，即使只有幾秒鐘，不是原本就有停車位，就是立刻會有車位空出來。

你也可以在入睡前把一個問題或煩惱輸入超意識，第二天早上醒來，你要的答案通常會在腦海裡閃過，或顯現在別的事情上。

## 七、每次都說和做正確的事

超意識心智會引導你在對的時間、用對的方式說話和行事，也會阻止你說一些或做一些後來會變得不妥當或後悔的事。超意識心智在你處於冷靜、自信，充滿正面期待的狀態時運作得最好，將你想要的東西帶入你的生活。

# 讓超意識發揮作用的腦力激盪

影響幸運的關鍵要素是良好的判斷力，或者也可以說是常理（common sense）。你可以不斷比較行為的結果和期望達成的目標，培養你的判斷力。經常反省自己的表現，能學到教訓和洞察力，有助於以後變得更有效率、更成功。

常理常被定義為在類似的新情況和舊經驗之間，找出共同模式的一種能力。當你在某個領域得到更多知識和經驗之後，潛意識裡就記得了更多經驗模式。即使在資訊不足的情況下，也能在這領域做出更快更好的決定，因為你能在新情況中偵測出類似模式，所以能立刻採取行動，先馳得點。

人之所以開始變得偉大，是因為他開始傾聽自己內在的聲音，信任自己的直覺。當你將你的意識知識、過去經驗的潛意識記憶，以及將之前所有知識和技能重整詮釋成新想法及見解能力的超意識，三者結合起來，就會開始有不凡的成就了。

以下兩種方法可刺激超意識心智為你工作：一種是被動的，另一種是主動的。想解決任何問題，都可以兩者並用。也許主動刺激超意識，使你的心智充滿新想法和見解的最佳方法，就是定期腦力激盪練習。很多人有所突破，都是因為發現這個**腦力激盪**的技巧相當簡單，且比其他技巧更有用。你可以先拿出紙筆，**把你的目標或難題用問題形式寫在紙上**，以便你更專注地找出答案。

比方說，目前你的年收入是四萬美元，如果想在未來十二個月內增加二五%的收入，可以寫下問題：「我怎樣才能在未來十二個月內增加二五%的收入？」

另一個更好的寫法是：「我該怎麼做才能在未來十二個月內賺到五萬美元？」這個問題擴大了答案範圍，涵蓋了你目前的工作，以及其他你想得到的可能性。

你選擇的問題會大大影響答案的品質。問題越好，答案越有用。寫下問題後，接著至少要**寫出二十個答案**。寫出二十個答案後，**至少找一個可以立刻採取行動的**，這也是練習的關鍵部分。越快付諸實行一個新想法，就越有機會完成更多新想法，以解決問題或達成目標。

如果你每週為自己的目標或難題做五天的腦力激盪練習，每天想出二十個點子，一週就能想出一百個點子。五十週就會想出五千個，而這還不包括週末假日在內。如果你每天實行二十個新點子中的一個，一週五天，一年五十週，每年就能實行兩百五十個新點子了。

## 對你的想法採取行動

人們對腦力激盪之類的新構想基本上會有兩種反應：有些人會不把它當一回事；另一種人是一〇%的精英人士，屬於有創意的少數族群，會學習這種腦力激盪法，而且付諸行動。

一聽到一個好點子時，就要馬上行動，否則，大概永遠不會有行動了。有項統計數字顯示，一般人每年會有三、四個想法在心裡打轉，通常只要做到其中一個就能發財，可是多數人卻都沒有行動。

你是否曾想到過一種新產品或新服務，幾年之後，卻看到別人或別家公司推出了同樣的東西而發了大財？你跟他們唯一的差別，就是你沒有把想法付諸行動，就像偉大的曲棍球星韋恩．格萊斯基（Wayne Gretzkky）曾說的：「你會錯過每一次沒有射門的球。」

千萬不要看輕自己！既然想得出好點子，就表示有能力實踐。根據吸引力和超意識作用法則，你會把實現一個想法或目標所需的資源，都吸引到生活裡面來。重要的是，你的目標或計畫必須很清晰，而且想完成的欲望也夠強烈。

腦力激盪不但會加速大腦皮層的活動，也會使你對周遭發生的事更敏感、警覺，你會開始注意到不同的人物、事件之間的各種關聯，而產生源源不絕的想法和見解，為你提供新的答案和解決方案。超意識心智會受三種主要因素激發：

- **強烈想達成的目標**。因為背後有很強的渴望、熱情和興奮，能啟動超意識心智，提高你對周遭潛意識在機會的警覺。
- **壓力很大的難題**。因為你強烈想要解決它，加上經常做腦力激盪練習，所以可激發創造力，促使你採取行動。
- **語意清晰的問題**。能激起思考，產生新想法，進而敞開心胸接受新的做事方法。

## 系統化解決你的問題

有時我會對著講座的數百名甚至數千名聽眾說，我知道他們每個人在做什麼工作。答案很簡單。我告訴他們：「不管做什麼工作，每個人真正的工作說穿了都是在解決問題，這是你從早到晚在做的事。沒有問題，就沒有工作。要解決的問題越大、越難、越複雜、越昂貴，領高薪和升遷的機會就越大。」

一個行業裡收入最高的人，就是這一行裡最會解決問題的人。目標沒有達成，就是問題還沒解決。

系統化解決問題，能啟動超意識心智。這需要一個簡單的七步驟方法，能幫助你在面對障礙或困難時，運用更多的思維能力。

### 步驟一：自信地解決問題

抱著冷靜、自信的期望態度，相信一定能找到合乎邏輯、行得通的解決之道。這個態度能使你冷靜下來，放鬆緊繃的神經，釋放創造力，找出各種解決問題的方法。你應該從一開始就假設每個問題都有解決方案，解決方案就在問題的另一面，等著你去發現。

凡事要以解決問題為導向，而不是問題導向，要設法採取積極行動，而不是責怪誰犯了錯。當你只在思考和討論可能的解決方案時，你的反應和回覆會更加樂觀且富創造性。

## 步驟二：改變你的用語

把問題定義為挑戰，甚至是機會。語言非常重要，能激起正面或負面的情緒。選擇某種用語來形容一個問題，可以升高或降低血壓、心跳次數和呼吸速度。語言能讓人開心而有創造力，也能讓人生氣而消極。

「問題」這個詞，就是負面的字眼，會引起緊張、焦慮、煩惱和壓力。想想看如果有人打電話來，緊張地說：「我遇到大問題了！」你馬上會變得不安而焦急。可是如果把每個問題或困難，都當作一次挑戰或機會，就會冷靜多了。

成功學大師拿破崙．希爾二十二歲時訪問一些成功人士，想找出成功的祕訣，發現每個人的結論都是：**每次的挫折障礙中，都包含了相對甚至更大的利益種子**。當你把每個困難看作是挑戰，能讓你變得更好更聰明，你可以研究那個困難，尋找可能包含的優勢或好處，好消息是你總是可以找到。

## 步驟三：釐清問題

界定清楚問題或挑戰，問自己：「問題究竟在哪裡？」並寫下來，徹底弄清楚。能釐清一個問題，通常問題就解決一半了。

釐清問題後問自己：「還有什麼沒想到的？」清楚表達問題對激發創造力很有用。能用越多不同方式一再呈現問題，越能從不同的想法和角度解決。

如果你的業績下滑，可以簡單把問題定義為：「我們的業績下滑了。」可是如果你想用各種不同方式呈現這個問題，看看情況如何，你可能會說：「我們的業績沒有像原先想要的那麼高。」或是「我們沒有像原先希望的那樣來銷售我們的產品或服務。」透過這些不同的定義，可以指出解決問題不同的角度。你甚至可以說：「我們的競爭者賣的產品或服務比我們多。」或是「我們銷售人員的成交業績不夠達成我們的總營業目標。」用越多不同的方式陳述問題，越能修正解決方法。

## 步驟四：找出所有可能性

找出所有造成問題可能的原因。測試一下自己的假設，問自己：「如果我們對這個問題完全搞錯了方向怎麼辦？」錯誤的假設是每一次失敗的根源。

你可能在不知不覺中對產品、服務、市場、競爭或客戶做了錯誤的假設。所有好的科學研究都立基於對你的前提或假設有詳盡的測試，你必須清楚你的假設是什麼，以及知道如何測試這些假設方向正確。

## 步驟五：確定所有解決之道

接著是確定所有可能的解決方法並寫下來，其中有明顯解決的方法，也有不太明顯的。有時不妨選擇不明顯的作法，這些方法有時候一無是處，有時候卻因為做了不同的事，而可能使情況大為改觀。越能確定自己真正的問題在哪裡、導致問題的真正原因為何，可以產生的解決方案也越多，就越可能找到理想的解決方法組合。

## 步驟六：做出決定

然後你需要在各種解決之道中做出決定。**任何決定都比沒有決定好**，任何清楚、不含糊的決定，都能激發創造力、產生能量、啟動超意識心智。要樂於做決定，而且一旦有新資訊，也要樂於改變或修正原有的決定。

## 步驟七：為結果承擔責任

最後就是要對結果自己承擔起全部責任，或者指定他人負責實施解決的方案。決定後就要採取行動，盡可能迅速開始，不要遲疑拖延。

請記住，成功人士並不是總是做出正確決策的人，但是他們使決策變成正確的。一旦完成一項決策，馬上會從行動中得到回饋，從而自我修正偏離的軌道，在回饋中學習，變得更聰明更有能力，結果就能越來越快地往目標邁進。

## 放鬆身心，釋放心智力量

腦力激盪和系統化解決問題，能使你以難以想像的速度達成目標。此外，還有幾個被動的作法，也能幫你解決問題或達成目標。這些方法能使你更深層運用你的心智。

你可以選擇放鬆。在心靈的運作中，努力往往是一種自我妨礙。這意味著，越是放鬆，把問題交給超意識心智，它就越快幫你解決問題。做白日夢就是放鬆心智的好方法。在平靜狀態下，突破性的想法常常會闖進你的意識。聆聽古典音樂，在大自然散步，或只是坐著、放鬆、靜坐、冥想，敞開心靈迎接靈感、想法和直覺，這些都是要用大把鈔票和幾年辛苦工作才抵得上的收穫。

對創造性思考最好的一種被動方法也許就是獨處了。首先，找個安靜的地方獨自坐下，完全靜止不動。接著，盡量讓自己舒服，做幾次深呼吸讓自己放鬆，並集中精神在自己身上。第三步，在這種平靜沉默中靜坐，維持三十到六十分鐘。不要起來、喝咖啡、抽菸，甚至不要聽音樂。只需要靜靜坐著，在寂靜中等待靈感之聲對你說話。

如果你非常清楚自己想要的，就會激發超意識帶給你完成心願的想法。如果用靜坐方式做腦力激盪練習，就能讓心智運作處於高度敏銳的狀態。當你靜坐傾聽心底答案時，常會得到啟發，改變整個人生方向。

釋放心智力量是創造自己未來的關鍵。每個人都是潛在的天才，與生俱來就擁有自己所需的腦力，為你實現你為自己完成設定的任何目標。唯一的問題就是你有多想要實現它？你是否願意為此付出代價？只有你能回答這些問題。當你開始為實現目標產生源源不絕的想法時，將會以前所未有的速度前進。

## 行動練習

1. 每天閱讀、學習，增加自己的字彙。知道的字彙越多，思考和決策能力越強。
2. 為每個問題或目標做腦力激盪練習。寫下目標或問題，然後想出二十個答案，至少找出一個答案立刻付諸行動。
3. 從每個問題或困難中，找出潛藏其中相對或更大的機會和好處，你一定找得到。
4. 用系統化、邏輯化的方式解決問題或困難，找出所有可能的原因、可能的解決方法，然後做出決定，採取行動。
5. 做個解決導向而非問題導向的人，所說所想都是設法除掉障礙或達成目標。
6. 相信自己有能力解決任何問題、克服任何障礙，以達成目標。
7. 經常用清楚的目標、積極期望、放鬆靜坐、正面肯定等，灌溉超意識心智，啟動它的運作，這是所有力量中最強大的。

# 原則 9
# ▼成果決定報酬

我的成功只是由於每天努力把手邊的工作做好。

——美國脫口秀主持人 強尼·卡森（Johnny Carson）

成功的終極原則，就是看你有沒有能力締造一些成果，讓別人願意因此付酬勞給你、提拔你、推薦你，並為你打開大門，把你推上某個領域的高峰。

關於成果，可以這麼說，你的報酬永遠等於你為別人締造成果的品質、分量和時效。人都是自私的，衡量別人時，總是想看對方能否幫我們得到想要的東西，不論是經濟、物質、情感、智力和政治等方面，凡是對自己有幫助的人，就是我們最尊敬、也最願意回報的人。

## 報酬與貢獻成正比

貢獻和成果有密切關係。「貢獻」的原則是：人生中所得到的經濟報酬，總是與貢獻他人的價值成正比。

在市場經濟裡，客戶最大。客戶願意付多少錢，決定了所有產品和服務的價格。客戶的購買行為支付了所有費用、薪水和佣金，每個人都在為客戶工作。沃爾瑪創辦人山姆．沃爾頓說：「我們都有個老闆，就是顧客，他可以用去別家買東西的作法，隨時開除我們。」

公司或老闆其實並沒有能力決定薪資，他們只不過在執行市場判斷而已。公司利用員工的勞力結合製作要素，生產出可供銷售的產品和服務，藉此創造、維繫客戶。如果公司完成這整套運作，銷售夠多含有足夠利潤的產品，這家公司就能繼續經營，否則就得關門大吉。你的酬勞來自你對客戶的福利有所貢獻，藉著提高貢獻企業的質與量，報酬也跟著提高。

很多人為求職業保障而受忍受薪資水準停滯或下降之苦，因為他們一直沒有為雇主提高自己的貢獻價值。今天，任何產品或服務最有價值的地方，就是其中有關知識和技術的部分。如果不能持續學習、成長，培養更高的技術，一段時間後，貢獻就會逐漸衰退，最後終將遭到解雇、裁員、長期失業，以及接下來的經濟困境。所以，如果想求工作保障和更高薪，就該不斷改進或提高自己為別人帶來的成果，增加貢獻。

在工作上最快引起老闆或上司矚目的方法，就是做個強烈成果導向的人。成果導向是任何行業和領域中，收入最高、最受尊敬者的重要特質之一。根據哈佛大學商學院榮譽教授西奧多・李維特（Theodore Levitt）的說法，商譽是一家公司最有價值的資產，也是客戶對這家公司的認知，以及客戶或市場中其他人描述或介紹這家公司的方式。通常商譽好的商品或服務，銷售量和價格都會比商譽差的人公司來得高。

Sony公司就是個很好的例子。這家公司的品質和科技創新世界馳名。產品上印有Sony商標，就能提高該產品在客戶眼中二〇%到三〇%的價值，即使它可能和貨架上其他類似但商譽較差的商品幾乎差不多。

如同企業一樣，個人名譽也是你最重要的資產。名譽就像你的商標，是同事、老闆以及客戶對你的看法，也是別人在你背後描述你的方式。只要你的作為能給名譽加分，就能增加你在別人眼中的價值，也能提高你工作上的評價。而名譽中最重要的，莫過於能為雇用你的老闆帶來績效了。

商譽卓著的公司，客戶自會上門。如果你的才能突出，別人也會競相延攬。所以，創造卓越績效的習慣能提升你的境界，遠非謹守本分、不做不錯的人所能相比。試想，如果你必須需動個有生命危險的大手術，第一個會想到的可能是：「哪位醫生是動這類手術的權威？」而絕不會問：「哪個醫生最便宜？」如果商品或服務真的很重要，顧客甚至不會將價格列入考慮。

很多銷售員或企業主管認為顧客只關心怎樣找到最低價格，可是價格永遠是相對於品質好壞及是否有其他取代者。如果有個顧客說：「你的價格太高了。」通常他的意思是，相對於你開的價格，你的品質太差了。當你成為你的領域中優秀的人才之一，你將獲得高於平均水準的報酬，而且永遠會有市場需求。

## 對時間的態度影響你的成就

除了工作品質外，還要準備好努力工作。工作事半功倍的人容易遇到更多有價值、報酬高的工作機會。晉升重要職位的人，通常都是投入工作中的人，他們也會不斷物色公司裡像自己這樣的人。

不幸的是，大多數人都是懶散的，只求不被開除就好。根據羅致恆富公司（Robert Half International）調查，一般人拿了薪水，卻只花了五〇%的時間在工作。管理階層也承認，大概有整整五〇％的上班時間是在處理和工作甚至公司完全無關的私事，而那些浪費掉的時間主要是花在無聊的社交上。根據調查，上班族每天有三七％的上班時間，是浪費在和同事無聊的閒聊上。另外一三％則是浪費在遲到早退上。有些則是浪費在休息和延長午餐時間，又有些時間是因為私事和打私人電話而消耗掉了。

更糟的是，就算人們沒在浪費時間，通常也是在做比較不重要的事，導致工作進展緩慢，事情越堆越多，等壓力越來越大時，又急著把事情做完，只好草草了事。據估計，每個企業都有二五％的成本花在重做或修正不良的產品或服務上。

如果你自覺不是公司裡最認真的人，就該下定決心更認真看待自己的前途了。任何目標、任務或行動，都得付出心血，不要分心！現在就下定決心，每天一旦開始工作，就專心一致，不要把時間浪費在社交或網購上，也不拖延咖啡或午飯時間。如果工作時有人問你有沒有時間聊聊天，你可以簡單回答他：「沒問題，可是現在不行！」你可以鼓勵他們在上班之前或下班後，或午餐時間跟你談。可是眼前，你可以跟他說：「我現在非回去工作不可了。」

你必須知道，時間是沒有彈性的，不可能延長且數量固定，並且是規律前進、無法回頭。這是事實，也是自然定律，你必須遵守，因為你無法改變。時間有限，你不能得到更多，但你每天可以得到全新的二十四小時，你的生活品質取決於你如何利用這些時間。

從一個人運用時間的方式，可以看出他真正的價值觀和信念，願意為某事投資多少時間，就知道他對這件事重視的程度，也能大概知道他是個怎樣的人、真正想要什麼，以及他人生的方向。

其實，**每個人這一生都在用時間換取東西，換取人生的成果回報。時間不能儲存，你只能用掉你的時間，唯一能掌控的是，決定如何善用它**。

成功的人因為能把時間用在高價值的事情上，或多做些能讓自己快速達成目標的事情而出類拔萃。失敗的人則是因為做了太多低價值、甚至毫無價值的事，甚至會做些使自己與目標背道而馳的事而導致失敗。

初出社會時，你可能只是個事務員或小專員，可是，一旦成了有經驗的熟手，就肩負了兩個主要責任：首先，你的職責是決定哪些事需要做，而不只是如何把要做的事做好。其次，公司衡量你工作的標準，不是根據你像藍領階級或工廠工人那樣的工作，而是根據你的績效。所以，你的任務是專注於創造可衡量的績效，這是公司雇用你的目的。

最重要的職責是，事前必須確定做好哪些事，以及其優先順序，然後訓練自己按照優先順序去做。這是個人高生產力的關鍵。

## 決定行動的優先順序

根據哈佛大學愛德華．班菲爾德博士（Dr. Edward Banfield）五十年以上的研究發現，成功大多來自所秉持的態度。影響成就最重要的決定性因素，就是對時間的態度，也就是做重要決定時，通常是從短期或長期著眼。班菲爾德博士的結論是，有遠見的人注定比短視近利的人更成功，**長遠思考有助於短期的決策**。

你可以開始培養長遠的眼光，想像未來十年或二十年理想人生的景象，擬出計畫，問自己：「我現在必須做什麼，才能創造我真正想要的未來？」然後根據你的目標決定優先進行的事項和活動。

想做長遠的打算，關鍵在於「犧牲」。在生活或經濟方面都必須延後享受，才能享受理想未來。願意犧牲眼前的享受以求成功和保障，才能擁有長遠的幸福和繁榮。如果只顧即時行樂，不能自律地把賺到的一切都揮霍一空，就注定一輩子為錢煩惱。

追求成就最重要的是集中和專心。要能夠集中於最重要的事，並保持專心直到這件事完成為止。即使你是這個領域的佼佼者，外貌出眾、受過良好教育、風度翩翩、身邊圍繞著各種機會，可是如果你不能集中且專心，這些長處就都浪費掉了。你會因此不斷失去良機，甚至還會輸給一般人，因為他們可以在工作生涯中訓練自己集中目標，並把精神專注在最優先的事情上。

無論在個人或生活管理上，最重要的就是十分清楚優先順序。努力之所以白費，都來自錯誤的優先事項。太陽光是溫暖的，但當它透過放大鏡集中在一個點上時，足以產生強烈燃燒的巨大能量。同理，當你學會選擇優先任務，然後集中並專心去處理，你便開始可以完成不可思議的事。

想知道如何排定事情的優先順序，你可以**養成事前先列出各種行動清單的習慣**。僅僅這個清單，就能在一開始增加二五%的生產力，最佳的時間管理者和高生產力者都會列出行動清單。就像你會帶著購物清單去買東西一樣，這份行動清單能確保你的效率。行動清單一般有以下幾種：

- 主要清單：是時間管理的主軸，包括你在可見未來所能想到一切該做的事。如果有新的事發生，就加入清單內以免忘記。
- 每月清單：包括下個月必須完成的重要工作，也可以包含長期目標列表中的項目。
- 每週清單：這是從每月清單中再整理出來更仔細的版本，包括本週想做的大小事情。

- 每日清單：是高度發揮生產力的關鍵。這是每天從早到晚完整的工作藍圖，確保在有限時間內，會一一把每件事做到最好。

要習慣在紙上思考。所有有效率的人想事情時手上都有一支筆，無論做什麼事都會在紙上一一寫下來。提前計畫好每一天，就好像這是你人生中最重要的一天。不要因為某件事做起來是最開心、最容易，就先去做。

時間管理是決定人生各種事情先後順序的過程，藉著選擇和改變事情的先後安排，等於在控制自己的人生方向。

列出行動清單後，接著**設定優先順序的二〇／八〇原則**。在任何工作清單上，八〇％的價值都包括在其中二〇％的項目裡；有時甚至九〇％的價值都包含在一〇％的工作項目中。也就是說，**一張有十項工作的清單裡，其中一項可能比其他幾項都重要。找出前二〇％的重要工作，大致就決定了工作效率和績效**。

絕對不要屈服於先處理小事情的誘惑。一旦找出最重要的二〇％工作，就從這裡開始做起。如果一開頭只想解決所有小事情，小事只會越來越多。如果只從小事著手，一天結束時，會發現自己還在處理小事情，而重大的工作和責任仍擱在一邊無暇處理。

**事情可能的結果決定這件事的優先順序。如果這件事對你的人生或工作會產生重大後果，就該列為非常優先；**如果談不上什麼成果，就該排在後面。對公司或客戶很重要的事情，就是大事，因為做與不做的潛在後果可能影響深遠。同樣的，個人成長也應列為優先事項，因為能力增進的長期成果，對工作生涯影響極大。至於喝杯咖啡或跟同事出去吃午飯，根本不影響成就或收入，就不一定得要優先處理。

## 排開時間做更重要的事

做事前永遠要先想到可能的結果，做或不做某件事，可能的後果是什麼？可以使用「ABCDE法」來幫助你判斷後果，你可以在工作清單的每個項目前寫出字母（從A至E擇一）：

- A表示這件事非做不可，做或不做都會有嚴重後果，對人生或工作生涯影響很大，所以排在第一優先順序。如果你有好幾個A級工作，就分別列為A1、A2、A3等等，然後從A1開始堅持完成它。

- B表示應該做的事情。做與不做會有輕微影響，不做可能會讓別人不高興或不方便，可是卻不及A級事情般重要。規定自己沒完成A級事情之前，絕不去做B級的事。
- C是做了會很開心的事情，像咖啡或吃午餐。這些事情可能很愉快，可是做不做都沒有好壞影響。跟同事應酬、看網路消息或打私人電話，這些事情做起來很開心，可是對未來可說毫無作用可言。
- D是可以委托別人做的事。盡量把比較不重要的事情委派出去，以便有更多時間去做非你不可、而且會有重大影響的事。委任工作是節省時間的好法寶。
- E代表可以刪除的工作。想省下更多時間，就是乾脆刪除這些多做無益的工作。過去很重要的事如果現在不那麼重要了，不如乾脆不做。

列出優先順序除了釐清需要先做的事情之外，也找出了可以延後再做的事。事實上，每個人每天的時間表都已經滿檔了，如果想加進一件新的事情，就必須刪掉一件原本在做的事。你現在在做的事情隨著時間推移可能已經不那麼重要，你之所以還在做，或許只是出於習慣而已。想完成新計畫，就得結束舊項目，撥出時間做其他新事項。

## 盤點最佳個人表現的五個問題

你可以經常問自己以下五個重要問題，幫助自己集中目標，得到更好的成果。藉著回答這些問題整理自己的工作，就能激發才能，比別人做更多事情。

### 一、「我最有價值的工作項目是什麼？」

不妨跟上司或同事談談，必須非常清楚自己最大的價值所在，才能有最好的表現。再準的神射手也不可能射中看不見的靶，如果弄不清楚自己必須做到什麼才能加薪升遷，就不可能在工作上有進展。

### 二、「我的關鍵結果領域（KRA）是什麼？」

你必須達成什麼特定成果，才能讓工作表現跟得上時代的變化和進步？而關鍵結果領域是你必須負全責的工作，也是完全由你控制、特定、可量化、有時限的事情，如果你不做，也沒別人會做。

**三、「公司付我薪水主要是要我做什麼？」**

為什麼他們付你薪水要你做這份工作？如果你想找出拿薪水的理由，你認為自己有哪些工作成果足以交換這份薪水？列出你做的每項工作，如果你想善盡職責，其中哪些是最關鍵的職務？如果不清楚自己領薪水的主要職責，拿著工作清單去找上司，請他為你排出工作的優先順序。

**四、「哪項工作是只有我做好才能為公司帶來很大的貢獻？」**

永遠有某件事只有你能做，而且如果你做得又快又好，就能對公司大有貢獻。找出「如果你不做，就沒人可做」的事，這通常是你的首要之務、你的關鍵結果領域，也是你領薪水最重要的理由。

**五、「現在我做什麼事價值最大？」**

回答這個問題後，要立刻親自行動，這是讓自己有傑出工作表現和最大生產力的關鍵。能不能專心去做最有價值的事情，也是衡量你能否自律自主的最好標準。

## 用零基思考檢視自己

為了做更多正確的事情，可以用「零基思考」（Zero-based Thinking）來檢討自己做的事情以及人生和工作。**零基思考的意思是，放下現在和過去的習慣從零開始思考**，你可以問自己：「如果重來一遍，我今天做的事情依照我現在的了解，哪些是我不會再選擇投入的？」

最糟的使用時間方式，就是全心全意做根本不該做的事。想想你現在的工作是適合你的嗎？這是你自己選擇的工作嗎？如果不是，你會做出什麼決定？再看看你的生活，有沒有什麼占用了你大量的精神、情感或財務資源，是你若有機會重來就不會再次涉足的？如果有，你的下一個問題是：「我該如何擺脫這個情況？可以多快擺脫？」要知道，讓自己陷在一個不願再重來一遍的惡劣關系裡，是最嚴重的浪費時間。

時間有限，因此必須將時間運用在正確的地方，對工作甚至整個世界做出更有價值的貢獻。與此同時，也會有越多機會為你打開，讓你快速前進，獲得巨大成功。

## 行動練習

1. 時時刻刻問自己：「別人期待我做出什麼工作成果？」無論答案如何，將大部分時間、精神專注在這些成果上。
2. 做每件事都要排出優先順序，永遠把時間拿來做最有價值的事情。
3. 在工作之前，用ABCDE法則在工作清單上標出優先順序，絕不要向容易處理的小事投降。
4. 練習用零基思考檢討人生各方面。今天你做的什麼事情，如果能重來一遍，根據你現在對它的了解，是你不會再選擇投入的？
5. 找出對你人生或工作都沒什麼意義的事，不要再做這些沒用或不重要的事情。
6. 對人生或工作都要培養遠見、決定未來目標，然後做今天該做的事，實現目標。
7. 仔細思考你所做每件事的可能後果，準確預測可能發生的結果，是一種很重要的思考能力。

原則10

# 把握每一天

如果你真的想做好事，不必等到有錢才做，可以現在就做，就從此時此刻起。

——人生哲學之父 詹姆士．艾倫（James Allen）

前面提到的「機率定律」（Law of Probabilities）使你能預測好運發生，只要嘗試越多事情，越有可能在對的時機、用對的方式、做對的事情。這也是為什麼行動導向是所有成功人士共同特質的原因，越勤於嘗試，最後越能勝利。

行動導向就是重新組織現在的生活，以便在短期間內更快完成更多工作。這種作法主要是以敏銳為基礎，越敏銳，越可能從生活中的小細節察覺對自己有利的機會和情況。比如，其中或許就有人因為瞄到一本書或雜誌裡的一則小廣告或故事，結果徹底改變了一生。因為廣告或故事給了他們一個具體的想法，發現新的機會，於是搶在別人之前採取行動，人生也為之改變。

活力充沛、行動導向的加拿大創業家彼得．湯瑪斯（Peter Thomas），有天坐在夏威夷海灘看《華爾街日報》時，碰巧看到一則廣告，想徵求房地產經銷商在加州新港灘（Newport Beach）成立新公司。他對房地產略有概念，並且看到有機會搶在別人前面引進此概念到加拿大。於是他立刻奔回旅館，收拾行李，飛往洛杉磯，去到21世紀不動產（Century 21）公司的辦公室。

21世紀的負責人從來沒想過加拿大市場，所以湯瑪斯很快就買下了21世紀不動產在加拿大的獨家經銷權。幾年後塵埃還沒完全落定，湯瑪斯已經在沿岸成立了多家21世紀不動產分公司，也因此成了進帳好幾百萬的有錢人。

雖然在此之前有成千上萬人都看過同一則廣告，也有成千上萬人翻過同一頁報紙，卻沒人注意到這則廣告，可是湯瑪斯因為敏銳、迅速、行動導向，所以能捷足先登、從中獲益，並創造了財富。

## 保持動能才能掌握機會

如果你覺得這件事看起來永遠不會發生在你身上，那你就錯了，當你有足夠的敏銳度，會發現像這樣的機會隨時都在你身邊。

幾年前有個想創業的年輕人參加一個關於創業的演講，了解到任何國家生產的產品有九成以上從未出口，而且每年有數以千計的新產品在歐洲和亞洲發明銷售，是美國沒人看到或聽過的。他對園藝有所了解，當他看到歐洲一種輕巧且價格低廉的新設計獨輪車時，確信這種獨輪車在美國會有市場，於是他將樣本帶到園藝貿易展上，吸引三大百貨連鎖店紛紛向他下訂。當他完成訂單後，短短不到一年時間，就已經賺到百萬美元。

許多擁有百萬、千萬財富的人，或許教育程度有限，也沒有經商經驗，但他們有一個共通點，就是當機會出現時他們能迅速行動。你對自己的領域研究越多，關鍵技能越足，對你的領域就越有充分的知識和敏銳度，當機會和可能性出現時，也就更容易識別它們。

這就是所謂的「成功動能策略」（Momentum strategy of Success），這是根據物理學的慣性定律而來。這個由牛頓發現的定律可解釋為：一個活動中的人會傾向保持活動的狀態，使他繼續活動所需的能量，比停下來再開始所需的能量少。例如，剛開始讓自己活動時，可能需要十單位的能量，可是持續活動時，就只需要一兩個單位的能量，然而，一旦停止活動要再重新開始時，又要花上十單位的能量了。這就說明了很多成功人士為什麼是移動標的，因為他們總是在動。

保持動能就像讓人生轉盤持續轉動。就像馬戲團的表演者不斷對棍子施力，使棍子上面的盤子不停旋轉，如果施力不對，盤子慢了下來，就會從棍子上掉下，表演也就結束了。你可能有度假一兩週後再回到工作崗位的經驗，重新開始上緊發條也許得花上好幾天才能恢復工作常軌。因此，讓自己一直保持動能，每天都做些事使自己朝最重要的目標邁進，並且立志做個移動標的，就不容易被擊中。

精密的巡航導彈一旦輸入目標，無論目標移動到哪，都可以準確無誤地向目標移動，直到擊中目標為止。有一個關鍵點是，世界上最先進的導彈在發射升空之前，是不能調整航線或改變方向的，必須在空中移動時才能調整。而你也像導彈一樣，為了創造前途、成就非凡，必須朝目標發射。一旦懷抱清晰的目標開始行動，就會不斷收到回饋的訊息，調整航道。這些回饋的訊息經常以困難和障礙的形式出現，讓你**一面行動，一面找出正確航道。修正航道最後終會命中目標，前提是必須不斷移動。**

## 嘗試做更多事

成功者和一般人之間有一種截然不同的特質，就是自發性。當表現傑出的人發現需要做的事情時，便會主動接受責任並採取行動，他們的行動迅速，通常不需要詳細討論或等待許可。在一次研究中，有些一再錯過升遷的普通經理人，被問及覺得自己有沒有自發性時，皆異口同聲表示自己具有高度自發性，並且都在工作中證明了這一點。研究者於是問他們認為「自發性」這個字是什麼意思，這些經理人說：「電話響的時候去接，打電話提醒別人開會或答應的事情，或把某個消息告訴別人以提醒他注意。」

然而，有傑出表現的人對自發性的定義卻完全不同。他們認為表現不佳的人只會盡工作本分，而自動自發的作為則需要遠超過責任範圍，這種作為需要冒險、嘗試新事物、突破熟悉自在的經驗範圍、長時間工作、自願擔負起一般人不會去做的任務。

當你表現得越自動自發，別人越覺得你是組織裡重要的角色。如果能不斷為公司或客戶找出更新、更快、更好、更容易、更方便的做事方法，很快就會得到上司的賞識和提拔。

阿莫科石油（Amoco Petroleum）在業界一向以比別家開發出更多石油和天然氣馳名。有次有人問總經理，為什麼他們在研發上比別家公司成功？他說原因很簡單，大家都同樣租油田做地質研究，同樣擁有掘井工程師和設備，而阿莫科之所以能領先同業，是因為「我們掘的井比別人多。」沒有什麼奇蹟。只不過是因為他們多掘了一些井，所以有更多發現。

動得越快，越有活力，得到的經驗也越多。經驗越多，就越能幹、越有自信。此外，動得越快，見識越多，人脈也越廣。做過越多不同的嘗試，越可能挖到石油。

## 不怕失敗或被拒絕，是成功的開始

在對失業者另外找新工作的調查中，有一項有趣的發現：失業的人有兩種類型，一種是快速回到職場，有更好的工作和薪水，另一種則陷入長期失業狀態。

失業後迅速找到工作的人有個特徵，就是把找工作當作全天候的事情。他們早上七點就起床開始行動，整天不斷看求才資訊、打電話、寄履歷表、面談，一週應徵三十到四十個工作。而大多數失業者每週平均只應徵兩份工作，只寄幾份履歷出去、在網路上貼幾張個人資料、然後就坐著等別人打電話來聯絡。

有個就業輔導中心的顧問注意到，每週聚會時，成員幾乎都把所有的時間花在抱怨以前的公司上，於是他建議，接下來那週的聚會，大家不要再抱怨過去，相反的，每個人要在這七天內找工作，下次大家就可以交換些正面的面談經驗。

到了下週聚會，十六個主管裡只有兩個出席。於是，他打電話給每個人探詢未出席的原因，結果發現，過去一週裡，沒有一個人去面談過任何一個工作，只是整天坐在家裡看電視或閒晃。他立刻了解這些人之所以態度都這麼負面，是因為沒有人主動走出去，跟業界的人見面交談，追求新的工作機會。

真正成功的人，都是精打細算的冒險家而不是賭徒，總是願意為了追求目標而冒一些聰明的險。這種計算過的冒險雖然也可能失敗，可是他們至少知道可以用自己的智慧能力影響事情的結果。

成功的最大阻礙是害怕失敗和拒絕。而害怕失敗、害怕被拒絕、害怕聽到「不」這個字，的確會癱瘓一個人的行動力，甚至在一開始就讓人卻步，害怕會讓人們找出所有巧妙的藉口，以逃避出門或跟不認識的人談話。

冒險就是在不保證會成功的情況下，走出自己已習慣舒適的經驗範圍。只要能冒計畫過的險，最後一定能克服恐懼，體會到成就的興奮，很快就迷上由冒險和成功帶來的成就感，你也會因此變得更能幹、自信，也更快達成目標。

## 行動導向七大關鍵

以下七個方法可以立刻提高你的生產力、工作表現和工作產出，各領域表現傑出的人都會運用這些技術。

### 一、工作速度更快

提高生產力的第一個要點是工作速度更快。凡是非做不可的事情，就盡快完成。節奏快是成功的必要條件。不斷對自己說：「現在就去做！現在就去做！現在就去做！」可以大幅提高產出。成功的人動作都很快也很有效率，不成功的人就會事事拖延。

### 二、設定你自己的工作時間表

努力工作的好名聲會馬上讓你脫穎而出。因為大多數人都很懶，就算在辦公室工作的時候也不夠努力。有個很弔詭的情況是，「你在工作的時候無法完成工作。」只要一進辦公室，就會完全被電話、同事、開會、意外急事，以及一大堆瑣事占據時間和精神。一天結束時，常常會覺得雖然忙了一整天，卻一事無成。

可是，只要有一小時不受打擾的時間，就能完成平時在辦公室三小時才做得完的事。如果能提早一小時上班、在午餐時間工作或下班後多待一小時，每天就多出三小時不受干擾的時間，於是生產力、績效、產出就會加倍，只因為你對工作時間做了小小的調整。

我的講習課程裡一個很有企圖心、大學剛畢業的女孩，把我這番話聽進去了。她開始每天晚上九點上床睡覺，早上四點就起來，然後在自己的公寓裡開始準備工作的事。到了七點半左右，她已經做完了相當於一般人整天的工作進度。等她進辦公室，又開始做另一份全天的工作。不出幾個月就升遷了兩次，薪水比剛開始一起工作的同事多了五〇％。兩年內，她已經是一名主管了。

如果你每天早點起床，比別人早一小時進辦公室，就會馬上進入高層人士之列。銷售界有句老生常談：如果想跟高層人士說話，最好在總機和秘書都還沒到的時候打電話進去，因為高層人士總會提早進辦公室，有時早上六、七點就到了。

上下班時間是為普通人、普通前途而訂的，不是為已經擁有自己人生目標的成功人士而訂的。想知道目前的工作有沒有前途，看看你對工作時間的態度就略知一二了。

沒有人規定你中午十二點一到就要起身吆喝同事一起吃午飯。成功人士不會這麼做，他們善用每一分鐘，會利用中午休息時間，關起房門，專心完成重要工作。在這沒有干擾的一小時裡，可以完成正常上班時間受干擾情況下兩三小時的工作。

## 三、專心做重要的事

既然每天只有有限的幾個小時可用，就要確定每分鐘都用在對自己和公司都最重要的事情上。不斷問自己：「如果我必須離開公司一個月，在離開前只能完成一件工作，我會做哪件工作？」

無論什麼工作，訓練自己馬上去做，而且只做這件事，不做別的，直到完成為止。專心一志在最重要的事情上，能使你很快進入狀況，達到更好的工作表現。你會發現自己只要用很少的時間就能做好很多事情。

有句話說：「如果想做好一件事，一定要交給一個忙碌的人做。」這是因為忙碌的人比一般員工的工作效率更高。真正忙碌的人每天能夠完成的事，比起工作進度緩慢的人還要多出兩三倍。

## 四、做拿手的事情

做自己擅長的事不僅很開心，也會做得很快、很少犯錯，貢獻也比較大。時間管理最好的技巧之一，就是設法把最重要的工作練習得更順手。既然你主要的報酬和認同都來自你能做好的最重要任務，那麼越擅長這個任務，當然就能享有更多報酬、認同和機會。所以主要工作做得越出色，自然就能體驗到一般人沒有的好運。

## 五、同類工作一併處理

把一些類似的工作集中起來同時做。譬如同時回覆所有電話、撥一段時間一次打完所有開發客戶電話、一次填完所有支出單、一次寫完所有的信或企畫書。

有個很有用且適用任何領城的省時技巧為「學習曲線」。理論是說：做一種重複性的工作，感覺會越來越容易，動作也越來越快速。如果一堆類似工作中的第一件花了你十分鐘做完，第二件可能只需要花九分鐘，第三件可能需要八分鐘，依此類推。於是你可以把同時完成一堆類似工作所需的時間，降低到一次做一件總共所需時間的二〇%，比起整天零星做這些事，省下更多時間。

很多人都用隨興的方式工作，一下做這個一下做那個，在做某件事時又去做做其他事情，結果從來沒有機會把工作時間降低到學習曲線底部，所以永遠達不到高績效水準。

## 六、與人合作

如果能學習跟別人合作使工作更有效率，讓每個人都做好自己最擅長的部分，會很驚訝自己能有多驚人的成就。

二次大戰期間，美國政府為了運送貨櫃過北大西洋，決定以迅雷不及掩耳的速度建造自由輪（Liberty Ship），使德國潛艇來不及擊沉他們。他們想出了一連串工業上的創舉，至今仍廣為全世界採用。首先，把建造一艘船所需的兩年時間減少為四十二天，然後展現不可思議的團隊合作，把所有技藝高超的工人集中在一起，從做好計畫、建造整艘船、準備下水，前後只花了四天。

他們能一艘接著一艘建造出幾百艘自由輪，就是運用了學習曲線，把所有同類工作集中一起做，所以效率加倍，同時又能以團隊合作無間地方式完成事情。你也可以將同樣原則應用到你的工作中。

## 七、簡化工作

簡化工作通常稱之為「再造工程」（reengineering）。再造及簡化工作是很簡單的過程。首先，列出某項工作從頭到尾的每個必要步驟。其次，檢查每個步驟是否確實必要。第三，找出可以簡化和加速的工作項目。第四，看看哪些步驟可以跟別人合作，或是哪些工作可以由同一人負責。最後，看看工作中哪些環節可以一次刪除。以上四個步驟可以協助你找到方法來減少完成整個工作所需的時間。

改善生產力還有個很有用的方法，稱為「擴充責任以壓縮時間」。這是要求一個人對某個工作中的好幾個步驟負責，能大幅簡化工作並加快完成速度。

這裡有個例子：有次在針對人壽保單處理流程的調查中，研究人員發現從提出保單到同意或駁回的時間，前後要花六週。於是研究人員提出一份保單，追蹤它最後通過之前涉及的每個步驟，發現六星期中總共要經過二十四個人，而這些人其實花在每份保單上的時間只有十七分鐘。於是他們決定改變保單的處理流程，不要讓這二十四個人都看過保單，只集中給兩個人看。第一個人負責從頭到尾檢查保單的每個細節，然後交給第二個人，第二個人比較資深，會再重複檢查保單一遍。就這樣，運用擴充責任以縮短時間的技巧，他們把處理保單的流程從六週縮短為二十四小時，於是當週就可以把同意書回覆給保險經紀人。結果，他們下一年的保險業務因此增加了好幾百萬美元。

無論對事業或個人而言，時間都是最寶貴的資源，必須不斷思考如何減少工作所需的時間。通常能幫公司更快處理事情的人，在組織裡身價最高，升遷也最快。

## 影響身心活力七大要點

為了能有一流績效、行動導向、節奏迅速、超高生產力，必須身心都充滿活力。為了充分利用身邊各種機會，並且不斷有熱情激勵自己和別人前進，必須安排好你的生活，使自己大部分時候都覺得心情愉快。

以下是影響身心活力的七個重要因素，你可以將之融入你的日常生活中。

### 一、吃對食物

有活力的第一要素是適當飲食。必須吃得對、吃得均衡、營養調和。每天的飲食必須對高度活力、好的睡眠品質、健康苗條、能力表現等各方面，都能發揮加分效果。

參與奧運的運動員已經被廣泛研究，以了解他們該吃些什麼才能將體能維持在世界級水準，儘管這些健康飲食研究可能來自全球一百多個國家，但還是有三個共通點可以應用到你的日常生活：

第一，奧運選手都吃很多水果、蔬菜和全穀類食物。他們吃大量的義大利麵和米飯，這種複合式碳水化合物能迅速轉化為醣類，提供身體和大腦高度運作所需的燃料。因為身體有七〇%的水分，所以應該吃含有七〇%水分的食物，像水果和蔬菜。此外，應該吃全穀類食物，像未精緻的糙米、五穀雜糧等保留多種營養素，使身體運作順暢。

第二，是瘦肉中的蛋白質。這種蛋白質來自魚、去皮雞肉、瘦牛肉以及豆腐。人體需要的脂肪對各種身體治療和健康問題自有貢獻，可是如果改吃低脂飲食，馬上就會開始減少多餘的體重，整個人會更有精神。如果用低脂飲食配合水果、蔬菜和全穀食品，就會發現自己很快就苗條起來，感覺輕鬆舒服多了。

第三則是多喝水。大多數人喝水時只是啜飲幾口。其實每個人每天需要喝八杯八盎司（編按：八杯八盎司約等於一八一四毫升）容量的水，以補充日常活動中流失的水分。隨身攜帶水瓶，隨時喝幾口，不斷補充身體所需的大量水分，對體內循環很有幫助，也使尿液清澈，或只是微帶黃色（如果尿液是深黃色，就表示身體水分不足，一旦水分不足，消化就會減慢，就容易疲倦。可是如果多喝水，就會不斷排出鹽分、毒素、多餘雜質，以免堆積體內，增加身體負擔）。

除了依循奧運選手的飲食習慣，還應該避開三種「毒藥」，因為它們是疾病之源，分別是：精製麵粉、糖和鹽。

在超級市場買的罐裝食品可能含有高達五〇%的鹽分。大多數罐裝的湯裡含鹽比水還多，而多數零食的鹽糖含量也過高。為了防範食物在貨品架上壞掉，最好的辦法就是在上架前就把食物殺死，這樣食物就不可能壞掉或腐爛了。而讓食物失去營養的最好辦法，就是使用大量的鹽或糖。因此很多罐裝食品或零食都是了無生機、毫無營養的，它們完全是死的，沒有任何營養或食用價值，只有鹽或糖，也許還有脂肪，要麼使你水腫，例如鹽，要不就是增加體重，如糖和脂肪。其實飲食中並不需要額外的鹽或糖，大多數食物本身已經含有太多糖和鹽了。至少，你不需要在任何食物裡加入鹽或糖。

在工業國家裡，引進精製麵粉和國民健康衰退有直接關係。精製麵粉最初是在一八〇〇年代引進英國和美國上流階層的，因為它外觀很吸引人。可是為了從完整的麥粒提取出白麵粉，必須把麥子磨得非常精細，如此一來也磨掉了所有有營養的部分，而剩下的麵粉又必須漂白使它看起來雪白，更讓可能僅餘的營養也消失了。

如果一種麵包聲稱含有強化的營養成分，表示在烘焙前的麵團裡添加了一些維他命，只是他們沒告訴你，經過三百五十度的烘焙過程後，任何漂白後添加回去的維他命都會被殺死。除非麵包裡放了一些其他食物或夾了配料，才會有營養。最糟的是吃了這些不健康的食物暫時滿足了胃口後，你就不想再吃真正對你有好處的東西了。

如果你希望能常保健康活力，今天就下決心遠離脂肪、糖、鹽食品，多吃健康、有營養的東西，好好控制送進嘴裡的東西。

## 二、控制體重

想要健康、幸福、長壽，適當的體重是不可少的。最好比理想體重稍微輕一點，可以從控制體重和外型開始做起。如果你不滿意目前的身體狀態，就要在往後幾週或幾個月設定具體的目標，並且為吃進身體裡的東西負起完全的責任。

## 三、運動是必要的

使你精力充沛、身材健美的最佳活動就是有氧運動。這種運動需要每週三次使心跳加快到所謂的「訓練範圍」（training zone），也就是視你的年齡，加快每分鐘心跳大約在一二〇到一六〇次左右，然後每節運動至少要保持這種心跳速度二十分鐘以上。

你可以每週三到五次、每次步行兩三里路得到所需要的有氧運動，也可以游泳、騎腳踏車，在健身房或家裡使用健身設備或慢跑。如果想有最佳表現，應該像吃飯睡覺一樣，把運動納入日常生活裡。

每天都要使用肌肉，每個關節都應該充分運作，經常伸伸腿、背和手臂，用一點重量維持肌肉厚實強壯，尤其應該定期做有氧運動，讓自己感覺起來、看起來都精神奕奕。想要長期持續充沛的活力和耐力，非定期運動不可。

## 四、充分休息和娛樂

每晚需要有平均七到八小時的睡眠，才能充分休息。每週至少需要休一整天的假，完全不工作。此外，每隔幾個月，也該固定休兩三天短假，每年則休一兩週年假，徹底放鬆自己，讓腦袋淨空。

徹底休息一兩天後再返回工作崗位，會遠比持續工作有生產力，反應會更靈光、工作績效更好，否則反而可能精疲力盡。讓定期休息和娛樂成為你生活重要的一部分。

## 五、補充維他命和礦物質

無論平常吃什麼，事實上大多數食物都無法提供充分的維他命和礦物質。最好的補充品都是從天然物質中提煉出來的，天然的維他命和礦物質通常都帶有螯合物（chelates，編按：是配位化合物的一種類型），這種天然的補充品雖然可能貴一點，但所含的維他命和礦物質卻比較容易為人體吸收，對健康活力更有幫助。

抗氧化劑是近年來一個很大的突破。這種化學物質可以在血液中除去引發疾病的自由基，在綠色蔬菜和一些優質的維他命製劑裡，都含有這種抗氧化劑，可以使身體運作得更好，對生活品質和活力有相當助益。

## 六、培養正面心態

消除負面情緒，讓心念只放在想要的事物上，而不去想不想要的事情，比任何事更能決定人生能否健康幸福。

越去想或談起讓自己生氣或不快樂的人或事，就會變得更生氣更不快樂。負面情緒會使人身心沮喪、奪走生活能量、降低免疫系統功能，容易罹患各種疾病。糟糕的是，負面情緒還會令人疲憊洩氣、腐蝕自信和熱忱，而欠缺自制地大發一頓怒氣，會消耗掉相當於平常工作八小時的能量。

想克服抱怨和批評的情緒，可以運用前面章節提到的替代法則（第一〇八頁）的原理。也就是說，既然意識裡的念頭一次只能想一件事情，所以可以驅除負面念頭，用正面的念頭替代。也許化解氣憤、害怕或憂慮情緒的最有力方法，就是肯定地告訴自己：「我要自己負責！我要自己負責！我要自己負責！」

你不可能一面同意自己要為某件事負責，一面繼續不停抱怨。負面情緒大都是抱怨引起的，只要停止抱怨，開始接受自己要負起責任的想法，負面情緒就立刻不見了，因為接受責任讓你又恢復了自我控制。於是你的思考又清楚起來，可以去忙些有建設性的事情，解決問題或困境。

如果你還是對某事耿耿於懷，或受負面情緒干擾，就該練習寬恕，因為精神健康的程度，與能否寬恕別人對你所做的傷害成正比。每當你一想到某人就怒氣沖天時，就用這句話消除這種情緒：「我原諒他對我做的所有事情！」因為你不可能同時又氣又原諒一個人，所以原諒對方，不僅放過了這個人，也釋放了自己。

## 七、心理健康計畫

想維持身心活力，你可以每天做一次「二十一天正面心態練習」。下定決心，接下來二十四小時，讓自己的念頭只放在想要的事情上，不去想不想要的事情，讓心態非常正面樂觀，所說所想都是關於未來的目標、往後人生會遇到的人和事等。

第一個二十四小時做到了這個正面心態練習後，下決心再繼續二十四小時。告訴自己「只要今天就好，我所想的、說的都是關於我未來的目標，絕不去想或談我人生中不想見到的事情。」等你信守承諾整天只想自己樂見的事情後，再繼續多努力一天，直到能一直正面思考整整三個星期為止。這個練習會改變你的一生。

藉著做「二十一天正面的心態練習」，一次練習一小時，或決心一次練習一天，或一次練習在一種逆境裡保持正面心態，就可以漸漸成為一個正面的人，永遠能從逆境挫折中捲土重來。

時常練習這些讓身心保持活力的習慣，將談話集中在你的目標，就會感受到越來越多的能量，對周遭環境也能更加敏銳，而更有行動力積極前進。

## 行動練習

1. 從現在起下定決心做個高度行動導向的人。每次只要想到什麼好點子，或有什麼必須做的事情，馬上採取行動。
2. 盡量尋求各種機會，一旦找到機會，行動要快。想坐擁財富，一個好點子就夠了。
3. 發展出一種生活動能，然後維持這種動能，一旦讓自己動起來，就不要停。每天都做些事，讓自己不斷接近某個重要的人生目標。
4. 使自己做每件事情都有種緊迫感，節奏快是成功的必要條件。事情做得越多越快，就有越多機會之門為你而開。
5. 認真照顧身體健康，始終保持高度活力。吃正確的食物，注意體重，充分休息。
6. 建立動作迅速和善於團隊合作的名聲，讓大家都知道可以信賴你。
7. 不斷調整自己的工作，想辦法減少工作步驟或流程。

原則11

# 人格價值

誠實是智慧寶典裡的第一章。

——前美國總統 湯瑪斯・傑佛遜（Thomas Jefferson）

大約在西元前三四〇年，希臘哲學家亞里斯多德提出一系列的原則，這些原則成為往後兩千年西方思想的基礎。其中一項是他的因果原則，他認為我們生活在一個有序的宇宙中，發生的一切都是有原因的，所有事件存在著因果關係，有些事的結果或許你不知道原因，但不代表不存在。

亞里斯多德最重大的一項突破，就是認為所有人的行為都有目的，也就是說每個人的行為，總是瞄準某個終極目標或結果。你做的每件事，都是基於某種理由，而在每個比較小或比較中程的目標背後，其實都是在追求一個更大的目標。亞里斯多德首度揭示，**每個人的終極目標，都是在追求幸福**。

例如，你想擁有一份好工作，因為才能有不錯的薪水，然後買房買車，才能擁有美好生活，然後你才覺得快樂。無論你做什麼，終極目標都是實現自己的幸福（不論你如何定義幸福）。所以，如果能讓人生變成讓自己真正幸福的樣子，就成功了；如果不能追求到自己的幸福，就是個失敗者。

幸福是人們共通的目標。人與人之間唯一的差別，只在於有些人比別人更懂得追求幸福。也就是說，有些人擅長追求幸福，有些人不擅長；有些人做對了事，得到了想要的結果，有些人卻做了錯誤的選擇和決定，因此比較不幸福，甚至比什麼都不做還糟糕。

亞里斯多德根據這個深刻有力的結論繼續探索下去，又得到另一個了不起的結論：**只有好人才能幸福，只有有品德的人，才能做好人**。這是人類思想中一個重大的突破。想擁有幸福人生，必須不斷努力做個比較好的人。表現出和善，內心就會覺得快樂，因而有自尊和自信，在人際關係和工作上表現更好。道德本身就是一種報酬，如果所言所行都是善良、高貴、真誠的，就會帶來內在的幸福感和滿足感，並且讓人擁有堅實的內在力量。

品德是幸運的最佳保證。永恆的真理是，你必然會把與你主要思想、環境、想法、機會、資源一致的人，吸引到自己人生裡面來。內在做不到的事，外在也絕不可能成就，外在世界永遠是內在世界的反映。想改變外在世界，必須開始改變思考、重整潛意識，建立與外在生活一致的內在價值觀、信仰和信念。換句話說，必須培養自己的人格。

## 贏得他人的尊敬

幾年前，蓋洛普機構訪問了馬奎斯《美國名人錄》（*Who's Who in America*）中的一千五百人。這些人都是現今美國人中最有聲望的，包括公司總裁、政界領導人、最傑出的學者和作者、諾貝爾獎得主、對美國人生活有重大貢獻的人，以及備受同儕推崇的知名人物。

蓋洛普訪問這些傑出人士，問他們認為什麼是成功最重要的報酬。受訪者給的前四個答案令人驚訝。八六%的人認為成功的第一項報酬是贏得父母的尊敬，第二項是贏得配偶和子女的尊敬，第三項是贏得同業和同事的尊敬，第四項是對他人的生活做了不錯的貢獻，第五項才終於輪到錢。即使這些人中有不少人其實並不富有，畢竟他們的成就，比起工作本身和人生其他方面，金錢已經不是那麼重要了。

**當你思考自己的人生成就時，會發現自己其實是想贏得你看重的人的尊敬**。你做的每件事，幾乎都跟你覺得別人會怎麼看你有關。你在乎對你而言很重要的人的看法，這點成為你行為的重要推動力。

名聲是個人最大的資產，無論對事業或個人而言皆然。名聲最好的定義，就是別人在你不在場時對你的看法和評論。成功的人總會想到別人會怎麼看待自己的任何決定或行為，不僅會考慮事情做得對不對，還會考慮在別人眼中看起來是否正確，尤其是他們看重的人。培養自己的品德，遵照最高最好的道德生活，結果一定會吸引其他跟你人品一樣的人到你生活裡面來。

亞里斯多德認為教育的主要目的，就是教導年輕人美德，這能給年輕人堅實的成長基礎，保證他們成年後做個好人，將來創造並終身擁有幸福成功的生活。

亞里斯多德認為，道德是一種實踐，而不只是一種感覺或信仰；道德是一種行為表現，而不是口頭標榜。道德不只是你心中的希望或意願，唯有行為才能顯現你真正的品德。如果你並不具備某種品德，可以在需要的時候用行為去實踐它，以培養自己的品德。你可以表現得像是已經擁有那種品德似的，訓練自己真的變成有品德的人。不妨參考以下兩種作法：

- 可逆性法則（Law of Reversibility）：**如果你誠心想感受或信仰某事，可以模擬那種行為，把自己真的帶入那種感受或信仰中**，這樣就可以完全為自己的人格發展負責。你可以決心使自己的思想言行，在任何情況下，都遵循你所知的最高標準，以便讓自己變成一個真的很棒的人。
- 專注法則（Law of Concentration）：**無論你凝思冥想什麼，它都會發芽滋長。你可以運用這個道理，經常默想那些為人尊敬的品德，以培養自己的人格**。可以看相關的讀物，或從一些故事和真人事蹟中發掘這種品德，並想像自己在行為中實踐它的景象。

亞里斯多德也教導人們，人是社會的動物。當他離開了社會，他就是一個沒有身分的人。生活中每件事都與他人有關，生命的一切，都是由人際關係的品質、數量以及複雜性所形成的。人與人之間相互依存，沒有人能生活在一座孤島上只面對自己。

人生與人際關係的最高道德，就是正直。字典上對正直的定義是：「絕對的真實、統一、完整、完美、充分整合，沒有缺點和過錯。」你可以經常沉思正直是什麼樣子，以培養自己這種品德，也可以思考做個正直的人是什麼意思，多想想你認識的人或歷史人物中，那些眾所皆知、廣受尊崇的正直之人。

## 信任是社會和人際關係的基礎

越常默想自己擁有正直的人格，言行越能一致。一旦正直的名聲傳開後，就會有很多人信任你，希望與你來往，很多機會之門就會為你而開，並開始體驗到人品差的人從未享有過的好運氣。

法蘭西斯・福山（Francis Fukuyama）在一九九五年寫過一本書《信任》（*Trust*）。他在本書裡提出幾世紀來許多國家的研究結果，這些國家探討的都是當地社會中的信任基礎。福山得到的結論是，信任度高的國家比較繁榮，也能提供越來越多人民更大的發展機會；相反的，信任度低的國家，繁榮和發展的程度也較低。

研究發現，**無論任何國家，如果人民、政府、商業界中相互信任度越高，經濟活動越能成長、發展、繁榮**；信任度越低，腐敗猜忌的程度越高，大家就不肯在這種國家投資，或把錢留在這種地方。

人際關係的基本黏著劑就是信任。除非我們信任別人，否則不可能建立良好關係。任何親密關係都建立在信任上，不論是友誼、家庭或企業與機構，信任都是使成員團結同心的必要成分。

最好的工作環境就是有高度信任的地方，每個人無分階層，絕對相信別人說的。在一個好公司裡，說個謊可能足以讓人丟掉飯碗。

信任的終極表現是真誠。人一生中最好的朋友或最親近的夥伴，永遠是對你說真話的人。願意對自己和別人完全誠實，才是真的有品德。

如果正直是最重要的品德，真誠就是正直最明顯的表現了。如果正直的內在表現是真誠，那麼正直的外在表現就是無論在任何情況下，都實在工作、言行端正。在工作上，這種誠實的承諾表示無論在任何情況下，都會盡力把事情做好，尤其是在眾人都信賴你的時候。

至少，必須對自己誠實。心理學家馬斯洛（Abraham Maslow）曾經花了好幾年研究傑出、能自我實現的人，發現訪談中最優秀的人，都有對自己非常客觀誠實的特質。他們皆誠實面對自己的優缺點和人生處境，從來不會說服自己相信不真實的事情。因為誠實與自己相處，所以也能誠實與別人相處。

莎士比亞曾寫道：「最重要的，要對自己誠實。於是，接下來，就像夜晚之後是白日一樣，你不可能對任何人虛偽。」不要愚弄自己，不要假裝、祈求或希望任何不實的事物。面對世界本來的樣子，而不是你希望的樣子，秉持真實原則做每件事。經常問：「真相究竟是什麼？」

傾聽自己內在的聲音，相信直覺，覺得對的事情才說或做，不要為任何理由要求正直的心妥協。就像愛默生寫下的：「除了你自己正直的心，最後沒有任何東西是神聖的。」

自尊自信的根源深植在自己的品德中。對自己和別人的態度越正直誠實，就會越喜歡、尊敬自己，也就越喜歡並尊敬別人，別人也就越喜歡、尊敬你，人際關係的質與量都會因此提升。

## 自律是品德的重要特質

二十一世紀的作家阿爾伯特．哈伯德（Elbert Hubbard）曾經寫道：「自律是無論你喜不喜歡，在該做某件事的時候，就勉強自己做到的一種能力。」自律是品德的重要特質，也是正直與勇氣的基石，能否自律對個人各方面的成就都影響很大。

自律的另一種定義是自我管理和自我控制，而控制正是幸福的要素之一。對自己滿意的程度，常決定於自覺能否控制自己的人生。當你決定去做某事，或停止不做某事時，訓練自己無論喜不喜歡這個決定，都一定要做到，這樣對自己的感覺就會很好，因為你會覺得有能力控制自己。

你現在是個怎樣的人、有怎樣的成就，都因為你過去所做的選擇和決定。但是，人一直在成長進步，你不會期待小時候的你做出成人的決定，或許去年做的決定，今年就不會再做同樣的決定了。過去跟現在的你，也已經大不相同了。不要被過去犯的錯絆住，犯錯的是以前的你，現在的你已經成熟有智慧多了。**你可以讓今天的自己做出新的抉擇**，根據長久累積的知識和經驗做出新的決定。

人類天性中多少包含了一些劣根性，導致人生中各種失敗，了解這些天性，才能對症下藥，克服這些天性，也才能成為自己理想中的人物。

這些天性基本上都是人類與生俱來的，每種天性若引導得不恰當，都足以導致失敗。最大的悲劇是多數人大半時間都在實行這些負面的天性，使人生難有成就，卻很少有人了解是怎麼回事。以下介紹七種人類的天性：

## 一、寧可選擇容易而非困難

人類最常見的天性，就是無論做什麼都喜歡容易做的事而非困難的事，想盡量省力。人們只要知道有比較容易的做事方法，直覺就不可能會去選比較難的方式來做，這表示每個人都一樣懶惰。

當然，如果懶惰表示可以找到比較有效率的做事方法，那也沒什麼不對。人類整個進步史都是在發揮創造力，為人為己找到省時省力的做事方法。懶惰可以是好事，也可以是壞事，它本身無所謂好壞，是很正常又很自然的事。只有當懶惰削減了生產力，害人又害己時，才會變成負面特質。

## 二、寧可選擇多而非少

如果在沒有附帶條件的情況下，用五元和十元向你報價買同一個蘋果，你一定會接受十元的報價，這是很正常又很自然的事，因為人的天性就是寧可多拿而不少拿。

這表示人都很貪心。當然，這種貪心也是中性的，沒有正面或負面的意義。如果貪心能有建設性地改善人生，增加自己和別人的幸福，就是行善的正面力量，也是創造和開創企業的偉大動機。然而，如果貪心是想不勞而獲，或取得不該得到的東西，就具有殺傷力和破壞力了。

## 三、每個人都是自私的

只有你能感受自己的幸福、快樂或不滿意，也只有你能體會自己的飢渴、滿足和喜悅。

身為一個負責且獨一無二的人，沒有人能代替你感受這些感覺，或代你決定必須要有什麼感受才對你最好。

人天生就是自私或自我中心的。即使是位牧師也可能是自私的，因為他想用各種資源幫助許多人，以滿足自己內心深處的需求和信仰。這個牧師可能用很健康、積極、有建設性的方法使他人受益，從這個角度來看，自私本身亦無關好壞對錯，而是人的天性。

## 四、每個人都有野心

人們在有意無意間，言行舉止都是想尋求某種進步。這表示每個人都是有野心的，都想改善自己的生活、工作、親密關係、健康或經濟狀況。

沒有野心，就會安於現狀或不在乎自己的生活能不能更好。野心是很健康的人性，也是很大的激勵來源，能以想像不到的力量驅策人們克服障礙、達成目標。當然，如果野心促使人們做出不誠實或傷害他人的行為，這種野心就變成了負面的人性。

## 五、沒有人能知道一切

人類是無知的，沒有人能無所不知。這表示不管有多少學問或經驗，人們所做的每個決定或每個行動，難免有某種程度的臆測，因為你永遠不可能知道所有的事實，所以永遠不能保證自己的行動一定會達成想要的結果。

這表示每個人都有某種程度的無知。即使在專業領域內，也沒有人是無所不知的，但也因為人皆有無知的一面，因而驅策我們不斷求知以了解問題，找出答案，把做事風險降到最低，這就是為什麼人類知識總量每兩三年就會翻倍增加的主要原因。

## 六、人皆有虛榮心

人們會因為自己的容貌、成就、家世、工作和財富，產生驕傲之心。大家都喜歡吸引別人，讓別人覺得自己很棒，這示每個人都有某種程度的虛榮心。

虛榮的相對是不在乎，所以虛榮也可以是件好事，能誘使我們追求美麗、健康、成就和物質生活。虛榮是服裝業、家具業、家庭用品業、汽車業、化妝品業、娛樂業、運動業，以及其他想功成名就的企業背後一股推動力量，同樣也是政治活動的推手。

如果虛榮能引導人們有一番作為，以贏得別人的尊重和自信，這時它就是好的天性；然而如果它使人做出害人害己的事情，就會產生負面的特質。

## 七、沒有耐性

人們是沒耐性的。每個人都想要速戰速決，不喜歡慢慢等。比如我將給你一百美元，可以今天給你，也可以一年後再給，多數人都會選擇立刻擁有它。因為珍惜生命，而生命是時間組成的，如果能早點得到報酬或好處，尤其未來又常有些不確定性，自然會寧願早點搞定。

今天整個經濟環境的強大推動力，也都是因為消費者對更快、更容易、更新、更好、更便宜的需求，比以往任何時代都強烈所致。每個企業都爭相因應消費者對速度的需求，必須不斷提供消費者更快更好的服務，否則就有被淘汰的風險。

人性是懶惰、貪心、自私、野心勃勃、無知、虛榮、沒有耐性的，但這些特質本身並無對錯，而是真實的生命，共同存在於所有人類的文化、種族、宗教中。而能夠克服這些天性產生負面結果的方式就是自律，只有實踐基本美德，堅持做對的事，才能禁得起這些不可抗拒的誘惑。

## 培養高尚美德

唯有不斷實踐良好的德行，才能培養出自律、品德和好名聲。以下是其中一些美德：

- **相信你自己**：首先，**正直是最核心的美德**，也是其他品行的保證。你有多正直，決定你在生活中能否不斷實踐你信奉的道德，以及你相信是正確真誠的事。
- **對自己的人生負責**：如果對自己的人生負起全部的**責任**，就會接受自己是創造人生最主要的力量，了解自己的成就和人品都是自己的思想行為所致。所以要不斷對自己說：「我對自己負責。」不斷告訴自己：「未來會怎樣，都看我自己。」擁有負責的美德時，就不會再把自己的問題歸咎在別人身上，或是責怪別人害你不幸福，也不會再為失敗找藉口，不求上進。反而會為了自己及所有仰仗你實踐承諾的人，扛起人生重任。
- **善待每一個人**：人性中最美好的一部分便是**同情**。如果能努力了解別人、有同理心，而不是批判、屏棄他人，就會變得比較有同情心。你會設身處地為那些在人生中掙扎的人著想，你會變得更有耐心、更寬容，尤其是面對那些不快樂或不幸的人。與其嘗試更快、更輕鬆得到想要的東西，你會不斷提醒自己：「老天在上，我們該慈悲為懷。」

- **在任何情況下都保持善意：**如果每天對人都心懷**仁慈**，無論走到哪裡心中都會感到溫暖喜樂。在生活裡，仁慈公正永不嫌多。變成好人最大的好處，就是對自己的感覺會很好，並且用非常健康的方式培養自己的精神和人格。

- **成為他人的朋友：**想交朋友，必須先做別人的朋友。因為對人**友善**而在幾天內交到的朋友，可以比花幾年時間討別人歡心所交到的朋友還多。卡內基曾提到與人結交友誼的最佳方式，就是真心對別人有興趣。克服害羞和不安全感最容易的方法，就是問別人：「你做哪一行？」「你怎麼進這一行的？」「你喜歡你這一行嗎？」「你今天還好嗎？」問了別人這些誠實而開放的問題後，專心傾聽對方的回達，只聽別插嘴，點頭、微笑、專注就夠了。越能渾然忘我地把注意力放在別人身上，對自己的感覺就會越好，別人對你的感覺也會更好。

- **強大的特質：**對你周遭重要的人**溫文有禮**。事實上，只有強者才能做到溫文有禮。對別人的感受冷漠粗心的人，常是軟弱不誠懇的人，通常也缺乏自尊自信，所以常覺得心虛而沒有安全感。

偉大的人常也是最好心、最溫和的人。無論任何情況下，都能對別人溫和、耐心、包容、善良、同情的人，內心就會變得更好，對別人也會發揮更正面、更大的影響力。如果能對配偶、子女、朋友或員工發揮這些德行，會很驚訝自己對他們所產生的效應。

人性的至善是**平和的心境**。每次做決定時，都該以此為目標，這是衡量做人修為的真正標準。如果把培養平和的心境當作主要目標，用這種心境安排人生，大概就再也不會犯錯了。只有當生活能與所知的最高價值和道德和諧一致時，才可能擁有這種平和的心境。換句話說，只有當你有足夠的自律能力克服人性弱點時，心境才能平和。也只有當你對自己和別人真誠無偽，或傾聽自己心中沉靜的良知時，平和的心境才會油然而生。你必須信任自己的直覺，順從真性情流露，做自己覺得正確、善良、真誠的事。

## 行動練習

1. 確定什麼事能帶給你真正的幸福，朝這個方向安排人生和工作。除了自己之外，沒人能為你做這些事。
2. 列張清單，寫出你最敬重的人，以及你最希望得到哪些人的敬重。此外，你該有怎樣的行為表現，才能贏得他們的尊重？
3. 所言所行都忠於自我，真誠無偽，永遠對他人誠實無欺。
4. 對自己的人格發展負責。選一種仰慕而想擁有的品行，無論何時何地，只要有需要，就堅持奉行這項品行。
5. 在追求目標或完成任務時，不要貪圖方便而向人性弱點投降，要有耐性地做好每件事。
6. 從家裡開始，對每個人表現良好的品德，例如慷慨、耐性、仁慈、誠實等。
7. 自律是品德和致富的關鍵，運用在生活各方面，越不想自律時越要自律。

原則12

# ▼幸運眷顧勇敢的人

勇氣該被視為最重要的品德，因為其他德行都必須建立在它上面。

——邱吉爾

想培養自信、勇氣、大膽，願意在不保證一定會成功的情況下朝目標前進，這些都是想成就大事的必要條件。只要有勇氣，任何事都可以做，少了它，其他品德也幫不了你。

與勇氣相反的是恐懼，恐懼永遠是成功最大的敵人。恐懼和猶豫會侵蝕人的各種希望和機會，比任何力量都具殺傷力。正是這種內在因素，決定了你能不能有所作為。高度的勇氣和決心，對開創成功人生非常重要。

當你大膽朝目標邁進時，就會有看不見的力量幫助你。很多人會猶豫不決或乾脆放棄，因為不知道該如何從眼前的處境走到目的地，而忘了千里之行始於足下。**只有滿懷信心跨出第一步，大膽朝夢想的方向移動時，一切天助才有機會發生**。

爬山專家查理斯・莫瑞（Charles Murray）曾寫道：

人真正投入一件事之前，總會有些猶豫，也有可能退卻，而且剛開始總是表現不好。只有真正下定決心投入之後，上天才會開始伸出援手，所有天助自助之類的事情，唯有在此之後才會發生。

你是認真的嗎？追求這一刻心情，無論你能做什麼，或夢想著要做什麼，現在就開始。勇氣中蘊含著才華、力量和魔法，只有參與，頭腦才會變得熾熱。開始，然後任務終將完成。

亞里斯多德談到勇氣時，形容它是介於魯莽和懦弱兩種極端之間的中庸之道。真正的勇氣是不偏不倚的。他把勇氣定義為在適當的時間、用適當的方式掌控恐懼的能力，並認為培養勇氣就像培養其他德行一樣，必須在需要的時刻付諸行動。

## 人們從小就學會對未知恐懼

恐懼其實都是學來的，所以也可以藉著練習，學習不恐懼。人剛來到這個世界時並沒有任何恐懼，而且完全隨心所欲，不必考慮或關心別人說或想什麼。可是，等你逐漸長大，父母和身邊的人就會開始教你害怕，將恐懼灌輸到你心裡，影響最大的負面言語也許莫過於「不行！你不會做！」

小時候，每當你嘗試觸摸、吃、聞或進入某物時，總會有人阻止你，告訴你：「太危險了」、「你還太小」、「離開那裡」，所以在很小的時候，你不知不覺便產生這樣的想法：「我太小太弱，無法做新的或不同的事情。」你甚至開始相信：「我不夠好。」長大後，你繼續強化當初父母帶頭給你的負面控制，每次面臨新的挑戰，你就會告訴自己：「我辦不到」、「我不夠聰明」、「我的能力不夠」、「我不行」。

只不過身為成人，面對任何新的或特別的事情時，或許必須想出個理由，解釋自己為什麼不能做。結果一不小心，就可能走上人生法庭，變成控訴自己的檢察官。你會馬上想起你無法完成目標或夢想的所有理由，告訴自己不要去做那些讓自己享有成功幸福的事。汽車大王福特曾說：「不管你相信自己做得到或做不到某件事，大概都不會錯。」

還有一種主要恐懼感，就是害怕被拒絕。這種恐懼是來自父母因為愛你，而對你的行為設下條件。孩子深受成長環境中情緒的影響，如果父母會因為你做某件事，不斷批評責罵你，你很早就會學到要改變自己的行為，總是去做你認為他們要你做或贊同你做的事情。

破壞性批評使你退縮，如果你在許多批評責備中長大，長大後就會對別人的意見過度敏感。你會不斷尋求別人的認同，只要一想到可能有人不贊成你，也會裹足不前無法做出任何決定，因為害怕犯錯會招來批評。大多數人不敢創業或換工作，主要的障礙也都是害怕別人的反對和嘲笑。與其讓人討厭，寧願什麼都不做。但是，如果什麼都不做，注定一事無成。

其實，對失敗和被拒絕的輕微恐懼是健康的，你可能會因此而多加考慮他人的感受和意見。凡事都需要適度，只要不破壞你的潛力，適度的恐懼並沒有錯。不幸的事，大多數人都因此而被打擊自信。

## 你可以學習不恐懼

消除恐懼失敗的一個方法，就是不管什麼時候，只要想到某個人或某種情況讓你緊張害怕，就用「替代法則」消除這種感覺。你可以不斷對自己說：「我做得到！我做得到！我做得到！」或是：「我不是非這樣不可！我不是非這樣不可！我不是非這樣不可！」告訴自己，任何事只要你不想做，就不是非做不可；而任何事如果你真的很想做，就一定做得到。當你一直告訴自己這些話時，就能控制自己的感覺，克服自己被制約的恐懼感，重建自信。

不妨問自己：**如果你知道你不會失敗，你會敢於夢想什麼偉大的事情**？如果你沒有任何限制，會嘗試做什麼？如果你有一根魔杖，會施什麼魔法改變你的生活？幾乎每個人都可以回答這些問題，但是一想到要實現答案，恐懼就會從四面八方襲來，再度引起你的自我懷疑，並削弱你對這些答案的信念。

此時你可以再問自己：**有沒有人有過和我一樣的困境，但最後還是成功了**？這個問題迫使你誠實面對自己，揭露你先前恐懼做不到的事都是藉口。要知道，世界上有成千上萬人境遇比你想像的還要糟糕，但他們依然可以完成美好的事，為家庭和社會做出巨大貢獻。他們能做到，你當然也可以。

賓州大學的馬丁．西利格曼（Martin Seligman）博士在其《學習樂觀．樂觀學習》（*Learned Optimism*）書中說明，根據他二十五年來的研究，幾乎超過八〇％的人，多多少少都有學來的無力感，這是一種你完全沒辦法改善自己處境的感覺，覺得自己被困住了，每次有機會改變時，你都會說：「我不行！我不行！」心理學家馬斯洛說，人類的歷史就是一部人人都低估自己的故事。你為低估自己找理由，是因為你不自覺地接受自己無能為力的想法。

事實上，唯一限制你能力的因素就在你心裡。成功學專家希爾說：「只要是人心裡所想像、所相信的，都能實現。」你可以清楚描述自己真正想要的東西，並為完成它制定一個計畫，就表示你有能力得到它，唯一真正的限制是你渴望的強度。

## 養成抵抗恐懼的習慣

使人不敢追求偉大成就、害怕達成更大目標的另一個因素，就是他們困在自己的舒適圈裡。人們塑造習慣，卻也被習慣塑造。如果沒有下定決心，或缺乏外在刺激，行為表現就會一直維持老樣子。

習慣定律（Law of Habit）也是牛頓慣性定律的另一種形式。牛頓說：「一個移動的物體除非遇到外力，否則會一直移動下去。」這個定律運用在習慣和行為上表示，**除非發生什麼事改變你的方向，否則你就會繼續做今天做的事**，會跟同樣的人來往、賺同樣多的錢、在同樣的成就水平上生活。

除非你能刻意做些決定、改變目前的處境，或發生什麼事迫使你改變，否則沒有任何事情能改變你。這就是為什麼有時候即使是失業、離婚或破產，最後都可能是好事的原因，因為這些事能打破你的自足狀態，讓你睜開雙眼看到你可以追求的其他可能性，和你可以走的其他方向。

作家桃樂絲．布蘭迪（Dorothea Brande）說：「不管你真心渴望什麼，假裝它不可能失則，它就會成功。」邱吉爾曾說：「培養美德的最好方法，就是假設你已經擁有了那種美德，然後奉行不渝。」亞里斯多德也曾經說過，培養勇氣的最好方法，就是在必要時永遠表現得勇氣十足，直到為習慣為止。

幾年前的一個發現改變了我的人生。我領悟到，每個人其實都會害怕。因為童年受到制約的結果，我們多少都伴隨著某些恐懼長大，這些恐懼有時會幫助我們，但多半時候只會傷害、阻礙我們前進。

既然每個人都會害怕，那麼造成勇者與懦夫的差別，就在於勇敢的人無視恐懼的存在，仍會做應該做的事；懦夫卻被恐懼淹沒，思想、感情和行為也受控於恐懼。愛默生寫道：「去做你恐懼的事，恐懼就必死無疑。」成為勇者的一個里程碑，就是養成每當恐懼感升起時就對抗它的習慣。當你對抗某種使你恐懼的東西時，恐懼便消弭無形，無法再控制你；可是如果你退縮迴避，恐懼就會增長，直到全盤掌控、吞沒你的人生為止。演員格倫．福特（Glen

Ford）說過：「如果你不做你恐懼的事，恐懼就會控制你的生活。」馬克・吐溫也寫道：「勇氣不是欠缺恐懼或沒有恐懼，而是控制恐懼、掌握恐懼。」

無論什麼事，只要一遍又一遍地做，就會變成新的習慣。**養成習慣時時抗拒恐懼、做害怕的事、在困境裡假裝自己不害怕，恐懼就會消失，反而讓勇氣倍增**，很快的就會達到對一切事都無所懼的境界。

在夢想清單上列出你對每個夢想或目標的憂心，在紙的左邊列出你所有的夢想，然後在紙中間畫條線，在紙的右邊，針對每個目標，寫下如果你立刻採取行動，最害怕會發生的事。你會發現不管哪種夢想或目標，可能發生的最壞狀況根本就沒什麼大不了，甚至會奇怪自己到底在怕什麼，然後就可以下定決心立刻著手去做一個或更多目標。

## 建立向前衝的勇氣與耐力

恐懼的其中一個症狀是憂慮，憂慮是因為猶豫不決或懷疑所導致。成天憂慮錢的人，總是有錢的問題。對別人的看法、說法一向持負面態度的人，似乎總有人際關係的問題。經常抱怨公司或工作的人，也會常驚訝他們的工作總是出問題。根據吸引力法則，大部分時間想的或說的事情，總有一天真的會碰到。憂慮的時候，越容易把憂慮的事情吸引到人生裡面來。

培養勇氣有三個步驟，可以反覆練習：首先，當你想到某種讓你害怕的情況時，設法確定最壞的情況，並下定決心如果真的發生就接受它，然後就不再擔心這件事。接下來，盡可能把注意力集中在做到每件必要的事上，確保最壞的情況不會發生。一旦確定最壞的情況之後，憂慮自然會消失，頭腦也會變得很鎮定清楚，可以把所有的活力、熱情都用在追求成功上，而不是浪費大半的時間在憂慮失敗。

幾年前我練空手道的時候，從一位世界級大師那裡學到很重要的一招。他教我在過招時，如果想先進攻，即使只有半寸距離，對手也會稍微退後，以保持我跟他之間原來的距離。當我進攻時，我百分之百的能量和注意力都在前方，可是對手為了招架，大概有一半的能量在想後方是什麼以及地板墊的邊緣。我能在好幾次國際冠軍賽中獲勝，也都是因為我總是進攻，即使對抗比較強的對手也一樣。這讓我先占了心理優勢。**把自己的能量百分之百用在向前衝，成與敗的差別往往就在這裡**。

建立勇氣的好方法之一，就是專注於實現目標所帶來的回報和好處，並說服自己成功的回報遠大於暫時失敗付出的代價。當你想要實現目標的理由越多，就越有動力勇敢前行，也就擁有越多能量。也因為一次只專注想一件事，因此當你只想到成功的好處時，也就不會去想失敗的代價了。

意願的堅定與否也顯示你有多少勇氣。只要在合理的範圍內，你願意付出一切努力的堅定意願，能大大增加最後達成目標的可能性。很多人設定目標時，幾乎願意不顧一切去達成，可是大多數人並沒有想通這些問題，不知道自己究竟要付出多少代價和努力，一旦走上追求成功的路後，卻很快就退縮、放棄了。這表示他們並不是真的願意為成功付出代價。

勇氣的第一個部分是**願意開始**，願意充滿信心地展開行動，在沒有成功保證下，大膽向目標跨出第一步。勇氣的第二個部分是**願意忍耐**，願意堅持、願意比任何人都走得更久更遠。有時候最大的優勢，就是追求成功的決心，是否下定決心絕不放棄，全在於自己。在任何競爭環境下，最堅定、最有決心的人，幾乎總是最後的贏家。

平均每個白手起家的人都要努力二十二年，才能從一無所有到身價百萬，但大多數人都不知道這點，以為可以快速致富。不久前，在紐約進行的一項目標導向調查中發現，人們設定的**九五%的目標，只要不中途放棄，最後都能達成**，失敗的主要原因，不是因為能力不足或缺乏機會，而是面對困難阻礙時，欠缺力量堅持下去。

## 偉大成就總在失敗後

這裡有兩個能反敗為勝的有力問題，能幫助你在面對逆境時堅持下去。第一個問題是，無論情況變得多壞，都可以問自己：「**我做對了哪些事？**」仔細分析你在這種處境中做對的每件事情，即便情況變成一場災難，但你做的某些事一定是值得的。

接著問自己：「**如果能重來一遍，我會有哪些不同的做法？**」這個問題逼你從這種處境中學到寶貴的教訓，也迫使你思考未來和下一步該怎麼辦，而不會一直糾結在過去已經發生的事。之後你會很驚訝自己在一個月內，學到了別人可能得花兩三年才學得到的經驗和成長。

我最喜歡的一句名言，是 Nike 的創始人菲爾．奈特（Phil Knight）說：「你只需要踩著上一個腳步，直到跑出成功。」**失敗可以一次又一次，可是只要有一次成功，就能把之前所有的失敗都一筆勾銷**。這就是為什麼歷史上很多最成功的人，同時也是歷史上最大的失敗者。

愛迪生是當代最偉大的發明家，也是發明史上最大的失敗者，他在研發各種產品時實驗失敗的次數，超過二十一世紀任何一位發明家，可是愛迪生對工作的看法值得大家效法。當他開始一項發明工作時，心中只想著找出正確的解決之道只是時間問題而已。成功是必然的，失敗根本不必列入考慮。他只需要去除所有行不通的做法，直到找到行得通的路。愛迪生小心記錄每次實驗結果，從每次實驗中汲取可能學到的教訓，以便用在下一次實驗上。

IBM總經理湯瑪斯．華森（Thomas J. Watson Jr.）曾說：「我們這裡不在乎有人犯錯。犯錯是自然而正常的事。不犯錯，表示你不夠努力。可是，唯有一件事是不能原諒的，就是由於沒有記取教訓，而重蹈覆轍。」

愛默生曾說：「想成就偉大的事，不能沒有熱情。」這句話也可以解釋成，想成就偉大的事情，不能沒有韌性，想擁有理想的人生，堅忍是必須付出的代價。埃德加．艾伯特．格斯特（Edgar Albert Guest）有一首詩是這樣說的：

儘管步伐似乎很緩慢，但不要放棄；
你可能再次出擊就會成功。
你永遠無法告訴你自己有多接近，
當它看起來如此遙遠時，可能就在附近。

有時最大的失敗，可能就是最大成就的跳板。有時候一個構想或企業的慘敗，可能正好補滿拼圖最後的一塊。

然而，懷抱耐心堅持下去與固執不變之間是有差別的。堅持是面對不可避免的困難和挫折時，仍能堅定邁向清楚的目標，並需要對達到目標的方法保持彈性。雖然你的視線一直不離目標，永遠知道自己移動的方向，可是你很願意轉彎、改變，嘗試用各種方式抵達最後目標，絕不放棄。

而固執卻是另一回事。這表示你只著眼於事情的表面，行不通的事情還是硬要做。雖然你的錯誤已指證歷歷，卻還是不切實際，不肯誠實面對自己和情勢。你應該要確定，是堅持不懈在推動你前進，而不是固執不變通。

成功的第一個部分是勇敢開創，第二部分是堅持不輟。一旦開始追求目標，事先就要下定決心，不成功絕不放棄。

## 行動練習

1. 不管你害怕什麼，下定決心對抗恐懼，直到你很熟練並養成了有勇氣的習慣為止。
2. 對目標要許下不可動搖的承諾。事先就下定決心，絕不半途而廢。
3. 把「我不行」這個字眼從你的字典裡刪除，以消除後天造成的無力感，然後不斷告訴自己：「我做得到！我做得到！」
4. 憂慮時，分析最壞的狀況，下定決心接受它，然後盡力去做，確保這種狀況絕不會發生。
5. 事先就下定決心，不達目的絕不罷休，使自己成為擊不倒的人，除了自己，沒人能擊倒你。
6. 經常問自己：「我做了哪些對的事情？」以及「下次我會採取什麼不同的做法？」使自己反敗為勝。
7. 無論碰到什麼困難，用一些詩句或格言激勵自己，使自己充滿勇氣繼續前行。

結語

# ▼創造精彩人生

成功的最大祕訣，就是根本沒有成功的祕訣。自有歷史以來，人們就一再發掘成功的原則。最後再度整理條列出這些原則：

- **原則1 你的潛力無窮：**完全掌控心智，學會釋放自己特殊的能力，把你需要的都吸引到人生裡面來。
- **原則2 目標明確是關鍵：**你必須非常清楚自己想達成什麼目標，以及你想要成為怎樣的人。

- **原則3　知識就是力量**：學習你需要知道的每件事情，成為你的領域的專家。不斷用各種方式及管道去學習並充實自己，使自己始終能領先競爭者。
- **原則4　專精的奧妙**：今天就下定決心，絕對要成為一流好手。培養高水準的專業能力，躋身你這一領域的前一〇％人才之列，這比任何東西對你的幫助都大。
- **原則5　態度決定一切**：成為一個非常正面的人，讓大家喜歡你、幫助你。平時無論心裡想的、口裡說的，都是你想要的事情，而不去想或說不喜歡的事。
- **原則6　人際關係活絡**：做個拓展人際關係網絡的計畫，改善人生各方面的重要人際關係。認識、喜歡你的人越多，就會有越多機會之門為你而開。
- **原則7　財富很重要**：養成儲蓄習慣。從儲蓄收入的一％開始，然後慢慢增加到一〇％、二〇％和三〇％。戶頭裡有錢的人，比經常處於破產狀態的人能吸引到更多機會和財富。
- **原則8　你是天才**：釋放天生的創造力，不斷尋找讓工作成果更快、更好、更便宜的方法。只要善用不可思議的精神力量，就沒有不能解決的問題及無法達成的目標。
- **原則9　成果決定報酬**：工作時，專心追求最重要的工作成果。注意事情的優先順序，每天都把時間用在最有價值的事情上。
- **原則10　把握每一天**：養成行動導向的習慣，這是每個成功者的共同特質。不斷前進、忙碌不懈、動作迅速。行動要有緊迫感，在追求目標的路上不斷保持前進。

- **原則11　人格價值：**做個真正的好人。如果你真的實踐自己最仰慕、尊敬的品德，打從內心變成一個更好的人，人生外在的一切也會變得更好。
- **原則12　幸運眷顧勇敢的人：**培養勇氣和毅力，下定決心絕不半途而廢。

當你把以上這些因素都結合在一起時，就會變成一個態度正向、專注未來、活力充沛、受人歡迎、才華洋溢、專業能力一流、聰明智慧、樂觀積極的人，任何人都無法阻擋你。

你會開始在人生各方面都有好運氣，並實現你為自己設定的每個目標。過不了多久，當別人說你很幸運的時候，你就會謙虛地微笑，同意自己真的運氣很好，可是你其實心裡有數，這根本不是幸運，而是你一步步努力贏來的！

# 贏家才知道的心想事成祕密

| | |
|---|---|
| 作者 | 布萊恩・崔西 Brian Tracy |
| 譯者 | 黃孝如 |
| 商周集團執行長 | 郭奕伶 |
| 視覺顧問 | 陳栩椿 |
| 商業周刊出版部 | |
| 總監 | 林雲 |
| 責任編輯 | 黃郡怡 |
| 封面設計 | Javick 工作室 |
| 內文排版 | 洪玉玲 |
| 出版發行 | 城邦文化事業股份有限公司 商業周刊 |
| 地址 | 104 台北市中山區民生東路二段 141 號 4 樓<br>電話：(02)2505-6789　傳真：(02)2503-6399 |
| 讀者服務專線 | (02)2510-8888 |
| 商周集團網站服務信箱 | mailbox@bwnet.com.tw |
| 劃撥帳號 | 50003033 |
| 戶名 | 英屬蓋曼群島商家庭傳媒股份有限公司城邦分公司 |
| 網站 | www.businessweekly.com.tw |
| 香港發行所 | 城邦（香港）出版集團有限公司<br>香港灣仔駱克道 193 號東超商業中心 1 樓<br>電話：(852) 2508-6231　傳真：(852) 2578-9337<br>E-mail：hkcite@biznetvigator.com |
| 製版印刷 | 鴻柏印刷事業股份有限公司 |
| 總經銷 | 聯合發行股份有限公司 電話：(02) 2917-8022 |
| 初版 1 刷 | 2022 年 8 月 |
| 定價 | 320 元 |
| ISBN | 978-626-7099-66-7（平裝） |
| EISBN | 9786267099681（EPUB）／ 9786267099698（PDF） |

（本書為《成功人士完全念力手冊》(2003) 改版）

國家圖書館出版品預行編目(CIP)資料

贏家才知道的心想事成祕密/布萊恩.崔西(Brian Tracy)著；黃孝如譯. -- 初版. -- 臺北市：城邦文化事業股份有限公司商業周刊, 2022.08
240面；14.8*21公分
譯自：Create your own future : how to master the 12 critical factors of unlimited success
ISBN 978-626-7099-66-7(平裝)

1.CST: 成功法 2.CST: 生活指導

177.2 111010365

藍學堂

學習・奇趣・輕鬆讀